新潮新書

三好範英

MIYOSHI Norihide

移民リスク

1077

新潮社

はじめに

移民・難民問題が、世界の多くの国々を揺るがしている。

2024年6月の欧州議会選挙では、不法移民の排斥を主張する右派ポピュリズム政党が欧州主要国で支持を拡大した。フランスではマリーヌ・ルペン氏が実質的に率いる「国民連合」が第1党に、ドイツでも「ドイツのための選択肢」(AfD)が第2党に躍進した。欧州議会ではこうした右派からなる会派が4分の1超の議席を占めるまでになった。同年の米国の大統領選挙でも最大の争点は不法移民問題だった。

日本でも中長期に在留する外国人数は313万人(23年末)に達し、コンビニ店員など、外国人は多くの日本人にとって身近な存在になりつつある。他方、外国人による犯罪が報じられない日が珍しいほどの昨今であり、埼玉県南部の川口市、蕨市に在留するクルド系トルコ国籍者(以下、クルド人)が引き起こしている犯罪や迷惑行為が、近年問題となっている。

国境をまたぐ人の移動と、国内に住む外国人に対してどのような政策をとるか、一言で言えば「出入国在留管理」は、国家、国民を成り立たせる根本である。外国との人的往来を断つ鎖国体制をとれば経済が衰退するし、他方、多数の異邦人が制限なしに流入すれば、その国の常識や国柄すら変えてしまう。出入国管理とは国の行く末、我々国民一人一人の運命さえ変えてしまう可能性を持つ。

ただ、最近まで、外国人は多くの日本国民の日常にとって無縁の存在であり、この分野の問題の深刻さについて十分に意を払ってこなかった。大方の無関心もあって、難民認定申請者や不法残留者（非正規滞在者）をほぼ無条件に支援の手を差し伸べるべき「弱者」とする一方で、出入国や在留外国人を管理する出入国在留管理庁（以下、入管庁）を人権無視の組織として描き、「入管の闇」を糾弾する運動や報道が広がっている。

多文化、多民族が入り混じって生きることの厳しさについて、多くの日本人はナイーブなまでに無自覚である。日本人相互で可能な信頼関係や性善説が成り立たない世界があることに想像が及ばない。

私は新聞社特派員として、タイ、カンボジアに計3年、ドイツに計9年半、米国に1年住んだ。ウクライナ、コソボ、アフガニスタン、パレスチナの西岸・ガザ地区、トルコなど、民族紛争や戦争状態の地での取材経験もある。口幅ったい言い方を許されるならば一応、「国際経験豊かな人間」と言っていいのだろう。

コソボではロマ（ジプシー）の村が地元民によって焼き払われる現場に遭遇したし、ドイツではモスク建設反対などの文化摩擦も取材した。異文化を背負った人間集団が隣り合い、一見ある種の活力がある社会でも、その底には容易に乗り越えることができない亀裂が隠されていることを痛感した。

そんな経験に照らすと、今日本では、「国際化」や「多文化共生」が、あまりに安直に、不可逆的かつ望ましい状態として語られているのではないか、という思いを強くする。途上国は先進国による搾取の対象であり、途上国民に対する贖罪意識を持つべきだという極端なリベラルイデオロギーすらある。そんな主張が、外国人労働力を求める経済界の経済合理主義と、奇妙な共同戦線を張っているように見える。

本書の第1章は、川口、蕨市のクルド人問題を扱う。

第2次世界大戦後の日本で外国人問題は、常に重要な政治、社会、経済問題だった。終戦時から朝鮮半島と台湾出身者の処遇は懸案であり続け、1980年代後半からフィリピンなどからの「農村花嫁」受け入れが話題となった。90年代の初めからは生産年齢人口の減少に対応して、企業城下町が、日系南米人を工場労働者として迎え入れた。近年では失踪した技能実習生が起こす問題が広く報道されている。

その中で特にクルド人問題を取り上げるのは、これまでの外国人問題が抱える様々な点を併せ持つと同時に、長期残留を可能とする「出入国管理・難民認定法」(以下、入管法)の「抜け穴」、集団での威嚇といった行動様式の異質さなどの特異性も目立つからである。クルド人問題を解決できるかどうかが、今後多様化する外国人問題に対応できるかどうかの試金石の側面も持つ。

第2章では視点を広げて、日本の入管行政の現状と、その問題点を扱う。章の最初に2023年6月の入管法改正に至る歴史的経緯を概観しているので、入管制度について予備知識がない読者は、同章から先に読むと理解の助けになるかもしれない。

第3章は、ドイツの外国人政策である。外国人政策はその国の置かれた地理的条件や国民意識などで違うし、違って当然ではあるが、比較的似た条件にある「移民先進国」

ドイツの例は、日本にとっても参考になる。

第4章では、入管法は改正されたが、不法入国の阻止、不法残留者の送還促進は容易ではない現状を指摘したい。最後に私なりに望ましいと考える外国人問題に関する基本姿勢を提示したい。

なお、掲載の写真は著者の撮影であり、人物の年齢、肩書はインタビューやその事象が起きた時点のものである。

移民リスク　目次

第2章 「入管の闇」という偏向 88

第3章 移民規制に舵を切ったドイツ 138

第1章　川口・蕨「クルド人問題」の真相

トルコ語表示のゴミ出しルール

２０２３年10月19日、「日本クルド文化協会」のクルド人が中心となり、日本人の支援団体、市会議員らが加わった、清掃活動を兼ねた夜間パトロールに参加した。

日本クルド文化協会は、15年に発足した川口市にある一般社団法人で、地域の日本人とクルド人の間の文化交流活動のほか、清掃活動やパトロールなどを実施してきた。

ＪＲ蕨駅から歩いて数分のところにあるクルド人経営のケバブ食堂に午後８時に集合し、まず駅前の商店街を巡回してゴミ拾いをした。その後、クルド人が所有し、運転する乗用車に同乗し、川口市北東部の戸塚東にあるクルド人家族がまとまって住むアパートに向かった。

ＪＲ東川口駅からさほど遠くない静かな住宅地にあり、築40年は経っているだろう２階建て６世帯の老朽化した物件で、外付けの鉄製の階段や柱はかなりさび付いている。

ほとんどの入居者がクルド人家族と見られるが、近所には民族的にトルコ人のトルコ国籍者も住んでいるとのことだった。

どの玄関先の廊下にも、泥にまみれた長靴や作業靴が置いてあり、シャツや靴下などの洗濯物が吊るされている。各世帯に数人の解体業に従事している男性がいることが窺われた。駐車場には解体工事の際に使うトラックや、旧型のドイツ製BMWの乗用車も置かれていた。

午後10時近くになっていたが、日本人支援者が開いているドアから、「何か困ったことはないか」と聞くと、中から「ない」という女性の声。玄関から中をのぞくと、どの部屋にも赤い色調のじゅうたんを敷いてあり、食器棚など簡単な家具が置いてあった。

主人は仮放免（収容令書や退去強制令書＝行政上の退去強制が確定＝が発付されながら、健康、人道上の理由で収容施設から出た状態。就労不可。第2章参照）者で母親、妻、子供、弟など6人で一緒に住んでいるという。家賃は6万5000円。あまり見られたくないのだろう、しばらくして中にいた老女がドアを閉めた。

外にいたアパートの住民と言葉を交わした。やはり仮放免者だが高校に通っているという青年は、たどたどしい日本語で言葉少なに「自動車の専門学校に行きたい」と話し

クルド人が住むアパートのゴミの分別をするボランティア

た。

パトロールに参加している、やはり仮放免者の大学生の青年は日本語が流暢だった。「家族で来日した時は、教室で外国人は僕一人。クラスの女子が一つ一つ日本語を教えてくれた。両親とも教育熱心だったのが幸いだった。勉強に集中しろと励ましてくれた」と振り返る。大学院を目指し勉強中という。

日本政府は、国際人権規約などに基づき、在留資格がない学齢期の外国人にも、公教育の機会を提供している。クルド人の第2世代も、家庭環境、本人の能力、やる気によって、格差が広がっていることが窺えた。

パトロールの主な目的は、アパートわきの道路に面して設置されているゴミ置き場を清掃することにあった。「不法投棄禁止」と日本語で大書され、トルコ語で、恐らくゴミ出しのルールを守るように求める掲示も設置されている。

しかし、捨てられているビニール袋の中身は、生ゴミ、資源ゴミ、ペットボトルがごちゃごちゃになっていた。参加者がそれを別の袋に分別した。30分ほどかけて片付けを終えると、それぞれ乗用車に乗って散会した。

翌々日、パトロールに参加した支援者から、LINEでゴミ置場の写真が送られてきた。空きカンなどのゴミに交じって電化製品も捨てられており、「昨日の昼、同じアパートに見に行ったら、もっとひどくなっていました」と断り書きがあった。

コンビニでの長時間駐車

次に参加したのは、2024年4月5日のパトロールだった。

パトロール前に時間があったので、クルド人が多く住む川口市前川を歩いた。商業施設「イオンモール川口前川」の近くにあるコンビニに行くと、ちょうど現場での作業を終えて帰途につくクルド人と思しき若者2人が、白い軽トラックを駐車場においてどこかに立ち去って行った。

店に入って従業員に話を聞くと「うちの店にも、けっこうトラックが止まっている。長時間だと営業妨害になる。店長が注意するものの、なかなか聞かないから警察を呼ぶが、効果がない。だからいちいち従業員が行って、時間だよ、と注意したり。近くの他のコンビニも困っている」と訴えられた。

イオンモールの前では自転車に乗った中東系の少年が、スマホに向かって何か大声で叫んでいた。パトロールの待ち合わせに間に合わせようと先を急いだため、わずか30分ほどいただけだったが、4、5人のクルド人と思われる男性とすれ違った。

待ち合わせ場所は、前回と同じケバブ食堂。食堂の中は大勢のクルド人でにぎわっていた。前の路上には、廃材を積んだトラック2台と、クルド人の所有と思われる高級スポーツカーの白いポルシェ、赤いランボルギーニが駐車している。おそらく違法駐車だ。当地のクルド社会の現状を象徴する風景だ。

今回は、川口市芝や前川のコンビニ6軒ほどを回って、日本クルド文化協会代表理事のワッカス・チカンさん（32歳）が、コンビニでの長時間駐車、集まって煙草を吸ったりする「たむろ」、改造車での暴走行為などの問題を聞いて回った。コンビニ駐車場の照明の陰になった片隅に、クルド人3、4人が集まり、煙草を吹かしている姿が目に付く。協会会員がそうしたクルド人には帰宅を促し、ゴミを拾う活動を続けた。

5軒目が、2時間ほど前に一人で立ち寄ったコンビニだった。先に話を聞いた従業員が店から出てきて、チカンさんに「非常に困っている、こうやって車止められると。何やってるんだ、おたくさんたちは。もう2時間以上、止まってますよ」と強い口調で言った。確かに、若者2人が止めたトラックがまだ駐車場にあった。

「警察に通報しても注意で終わっちゃうから。極力ドライバーさんに会ったら注意するようにはしているが、もしトラブったら大変なことになる」

チカンさんは「トラックの所有者を特定して、気を付けるように徹底させる」と答えた。

この日、立ち寄ったコンビニでは「クルド人ともだんだん顔見知りになってきて、ずいぶん事態は改善された」と肯定的に語る従業員もいたが、「中東系の人が何人かで座って話すので、近所からうるさいと苦情が来る」と不満をぶつける従業員もいた。

このパトロールの時点で、迷惑行為の改善が叫ばれてからかなり時間がたっていたが、クルド人の振舞いに対して地域住民が、総じて強い不満を持っていることがわかった。

塀を破壊して知らんぷり

午前7時、「ドカン」という鈍い衝撃音を聞いて、寝ていた2階の寝室から外をのぞくと、白い大型乗用車が自宅庭先のブロック塀に突っ込んでいる。庭に飛び出す前に、車はバックしてそのまま走り去った。

2022年12月18日、川口市前川の会社社長Aさん宅で起きた出来事だ。

数日たって近くのコンビニで事故車らしき車が駐車しているのを見た。へこんだバンパーの箇所は白いテープを張ってごまかしてある。どうやら隣のアパートに住むクルド人が所有者のようだ。

ナンバーを地元警察に通報したが、その後音沙汰なし。知合いの県会議員に訴え、ようやく埼玉県警から、この車の所有者は栃木県宇都宮市の人であること、「車庫飛ばし」によって、正式な手続きを欠いたまま、クルド人が購入していることが知らされた。

車は特定できたが、事故の際、誰が運転者だったかわからない。そのため、警察も事故を起こした人物を検挙できないという。ブロック塀は火災保険を使い修理した。しかし、「警察は物損事故くらいではまともに取り上げてくれない。とにかく、ぶつけた当人に謝ってほしい」とAさんは憤る。

しかし、加害者が謝罪して補償することはまず期待できない。被害者が泣き寝入りをするほかはない。隣のアパートのクルド人は、同じ部屋に何人も住んでいるようだが、どのような人が住んでいるのかわからないと言う。ただ、その後、アパートに住むクルド人たちの元締めのような「親方」と夜の街に繰り出し、酒を酌み交わした。Aさんは「被害は保険でカバーできたし、まあいいか、仲直りという感じですね」と苦笑いした。23年3月、川口市内にあるAさん経営の工場内で聞いた話の内容である。

しばしば取材で訪れたJR川口駅周辺の商店街で、私がクルド人らしき人の姿を見ることはほとんどなかったが、24年2月2日に話を聞いた駅前の飲食店経営者によると、駅前商店街では、23年夏、自転車で暴走するクルド人少年をよく見かけたと言う。

「どうせ逮捕されないとか、特権を振りかざして来るガキがいる。七夕祭りの後から、こちらに来るようになった。夏はひどかった。商店街の真ん中をチャリンコ（自転車）で爆走してくるとか。自転車にスピーカーを積んで、デコトラ（派手に装飾したトラック）もどきをやって、すごく危ない。連絡網があって、誰かが捕まるとすぐに仲間が集まってくる。近くの公園で爆竹を投げ、ペットボトルに爆薬を詰めて爆発させたこともあった。警察をなめているところがある。日本は外国人をお客様として迎えるが、ルールは守ってね、という周知は大事。自分の国でやっているからここでもやっていい、という感覚は強い」

この飲食店経営者は地元商店会の幹部であり、憤りと憂慮の念は深かった。

市議会もクルド人対策に本腰

2023年1月27日、川口市役所の担当者に、クルド人問題について話を聞いた。市民の苦情が多くなったのは、2年ほど前からだという。

「ケバブ屋の前でクルド人の解体業者のトラックが長時間止まって、運転手が店の中でケバブを食べている。夜、公園にクルド人が集まっていると、日本人にすれば、ガタイがいい兄ちゃんがたむろっているだけで怖い。税金を納めている私たちがなぜ肩身の狭い思いをしなければならないのか、という感情が強くなっているのをひしひしと感じる」

「夜に若いクルド人が集まって騒いでいると、川口市はもともと職人の町だから『何とかしろ。クルド人は帰れ。市は何をやっている』ときつい電話が来る。警察にはもっと苦情が寄せられていると思う。クルド人が運転する暴走車が危険だというので、さいたま市に引っ越した会社社長もいる」

同年3月2日、川口市の市会議員にも話を聞いた。

「狭い道を暴走族のような車で走る。前川の商店街で車の事故があり、運転者はサーッと逃げた。警察が来て、当事者と思われるクルド人に話を聞くと20人位集まってきた。何かというと集団で行動するところが怖い」

「クルド人のやっているバーが窓を開けるので騒音がひどい。子供は小学校は行くのだが、中学校から行かなくなって（無免許で）車を運転するようになる。東北道で車がひっくり返ったが、運転していたのは地元では札付きのワルのクルド人中学生だった」

「解体現場で仮放免者が働いているから、価格がダンピングされている。クルド人の間でも経営している者と、使われている者との間で格差ができている。クルド人同士の小競り合いは1か月に1回はあって、近所の人が心配して連絡をくれる。警察にもっと介入してほしい」

「JR蕨駅前など、暗くなってから一人歩きしないように女性は気を付けてもらわないと。女性に対する性犯罪未遂みたいなことが頻繁にある。親切を装って雨の日にカサに一緒に入らない？とか言いながら、一見、優しくみえる」

自民党川口市議団は、23年6月の川口市議会に「一部外国人による犯罪の取り締まり強化を求める意見書」を提出、29日に賛成35、反対7で採択された。名指しはしていないが、クルド人による迷惑行為を念頭に置いていることは明らかで、「警察官の増員、一部外国人の犯罪の取り締まり強化」を、衆参両院議長、総理大臣、国家公安委員会委員長、埼玉県知事、埼玉県警本部長あてに求めている。共産党、川口新風会（立憲民主党、れいわ新選組）は会派としては反対したが、れいわ新選組の所属議員1人は賛成した。

意見書は「一部の外国人は生活圏内である資材置き場周辺や住宅密集地域などで暴走行為、煽り運転を繰り返し、人身、物損事故を多く発生させ、被害者が保険で対応するという声がある」「現在、地域住民の生活は恐怖のレベルに達しており（中略）その他多くの善良な外国人に対しても差別と偏見を助長することになって」いると訴えている。

なぜ、この時期に決議が採択されたのか、ある市会議員は説明する。

「ほかの市会議員も、無保険で運転するクルド人の車に事故を起こされたなど、市民からたくさんの相談を受けていた。そろそろ皆、きれいごとだけではやっていられない、という感じになっていた」

節目となった病院前騒乱事件

状況の悪化は看過できないとの意識が高まっていたところに、偶然ではあるが、地域を揺るがす事件が起こった。意見書採択から5日後の7月4日、川口市中央部の西新井宿にある「川口市立医療センター」前に、クルド人100人ほどが集まって、機動隊も出動する騒ぎとなり、救急搬送の受け入れが5時間半停止したのである。

同日夜、トルコ国籍の男性が複数のトルコ国籍の男から刃物で切り付けられた。被害者が搬送された医療センターに双方の親族や仲間が押し掛け、救急外来の扉を開けようとしたり、大声を上げたりした。現場は翌日午前1時ころまで混乱し、4人が殺人未遂で、警察官、機動隊員への公務執行妨害容疑で2人が現行犯で逮捕された（2023年7月30日付産経新聞電子版）。

同センターには埼玉県南部を担当する3次救急医療施設「救命救急センター」が併設されており、重篤な患者を24時間受け入れている。対象になる患者が受け入れ停止の時間にいなかったのは幸いだったが、地域の安全に深刻な影響を与えた事件だった。

この事件は傷害事件だけをとりあげても、刃物を恐らく常時携行しているという点で問題だが、とりわけ、多数が集まって来て一触即発の事態になるという展開の異様さは、クルド人に対するイメージ悪化の大きな節目となった。在日外国人でも、例えば中国人、ベトナム人の場合、対立するグループがSNSで呼びかけて100人ほどが集合し、諍いになるといった事態はあまり考えられないだろう。

続いて、クルド人問題の特異性を印象付けたのが、少年による次のような事件だった。トルコ国籍の男子中学生（14歳）は7月12日、川口市内の商業施設で、大音量で音楽を流し、タバコを吸うなどの迷惑行為を繰り返し、60歳代の男性警備員から出入り禁止を告げられた。それに憤慨し「外国人を差別するのか」「爆破してやる」と警備員を脅迫し、いったん立ち去った後に戻ってきて、出入り口付近で火をつけた煙幕花火を投げつけて業務を妨害した（23年8月3日付埼玉新聞電子版）。

埼玉県警川口署は、この少年を脅迫と威力業務妨害容疑で逮捕した。地元関係者によると、この少年はクルド人で、少年鑑別所に送られたが少年院送りは免れた。ただ保護観察はついている、という。真偽のほどは確認していないが、そういううわさが流れるほど、地元ではよく知られた存在なのである。

一連の事件をきっかけに、川口市役所にはクルド人を批判する電話が殺到した。9月

29日、市役所を訪ね、この問題の矢面に立っている職員に話を聞くとこんな状況だった。

「職員3人で対応しているが、7月4日以降、抗議の電話はこれまで全部で300本くらい。今日もさっきまで電話を取っていた。1回でだいたい1時間以上、2時間半話したこともあった。多くが県外の人で市民は2割弱。SNSの情報にあおられている。大阪のおっちゃんが『日本人が誰もいなくなるぞ、殺されるぞ』とか。またヤクザと思しき人から『殺しに行くから団体名教えろ、100人位相手にしてやる』という物騒な電話もあった」

頻発する事件、事故や迷惑行為

すでに以前からクルド人とみられるトルコ国籍者による事件、事故は起きていた。以下、埼玉新聞（電子版）などの報道を基に、主なものを列挙する。

○2015年10月25日、東京都渋谷区の在日トルコ大使館前で、在外投票に来たトルコ人とクルド人が乱闘し、警察官2人を含む12人が負傷。SNSで動画を見ることができるが、少なくとも双方数十人が、工事現場で目にする三角コーンを投げつけたり、旗竿で殴りつけたりする激しさで、警察が介入しなければ重傷者も出ていただろう。

○15年12月27日、トルコ国籍の川口市の解体作業員（22歳）と無職少年（16歳）＝少年院送致＝が共謀し、30代女性をJR赤羽駅近くの多目的トイレ内で暴行し、現金を奪ったとして、集団強姦と強盗の疑いで逮捕。検察側は「女性の尻についた体液が被告のDNA型と一致した」と主張し、懲役3年を求刑したが、17年7月27日の東京地裁判決は「（性交とは無関係の）何らかの理由で付着した可能性がある」との理由で解体作業員は無罪判決。解体作業員らは、15年8月と10月に「親族間のトラブルでトルコに戻れない」などとして難民申請をし、「特定活動」（後述）の在留資格だった。

○21年10月8日、トルコ国籍で職業不詳の少年（19歳）によるひき逃げ死亡事件。父親が管理するトラックを運転（免許不所持）し、川口市内で男性（69歳）をはねて死亡させ逃走した。12日、出国するため東京出入国在留管理局（以下、東京入管局）に来たところを、県警から連絡を受けていた同局が通報、逮捕された。

○同年8月11日、茨城県常陸太田市内を走行中の自動車内で、トルコ国籍の無職容疑者（29歳、埼玉県草加市在留）が日本人の妻（25歳）の首をナイフで刺し殺害。水戸地裁は23年3月2日、求刑通り懲役14年の判決を言い渡した。川口市のクルド人でこの受刑者を以前、市内で見たことがあると言う人がいたが、クルド人かどうかははっきりしない。

川口市立医療センターの事件以降も次のようなものがあった。

○23年8月18日、埼玉、千葉県内の空き家に侵入し、貴金属などを窃取したとして、窃盗などの疑いで、埼玉県警は23歳と21歳のトルコ国籍の解体作業員ら6人をさいたま地検に追送検した。容疑者は窃盗事件等28件（被害総額約77万円相当）を起こした。

○24年1月13日、川口市内のコンビニ駐車場で10代の女子中学生に性的暴行をしたとして、不同意性交容疑でクルド人の男（20歳）を逮捕。男は父親とともに難民申請をし、仮放免中だった。

○24年9月23日、川口市前川の交差点で、トルコ国籍の男（18歳）が無免許で車を運転しバイクと衝突。バイクに2人で乗っていた少年（17歳）が死亡、男子高校生（16歳）が意識不明の重体。男はそのまま走り去り、ひき逃げなどの疑いで逮捕された。

統計的に見たクルド人の犯罪率

特定の外国籍者や日本人の集団に絡む事件を列挙すれば、それに帰属する人一般に関してネガティブなイメージを作り出すことは可能だろう。ある集団に、明らかに犯罪率が高い傾向がみられたり、特異な犯罪傾向があるのでなければ、名指しして語ることには慎重でなければならない。ただ、川口市で発生する犯罪や迷惑行為に関して言えば、形態の特異さに加えて、発生の頻度からしても、クルド人を問題視する理由はあるのではないか。

埼玉県警の「川口市発生刑法犯検挙状況」によると、2023年の日本人被疑者1129人、外国人184人。人口（24年1月1日現在）は日本人56万3187人、外国人4万3128人なので、人口当たり犯罪率は、それぞれ0・20％、0・43％と外国人の方が倍以上高い。ただ、住民登録していない人もおり、市外から来た人による犯罪もあると考えられるので、あくまでも大まかな傾向である。また、どのような犯罪、地域を重点的に取り締まりの対象にするかなど、県警の方針も犯罪率を左右するだろう。

国籍別検挙状況（22年）に基づき、国籍別に見ると、刑法犯の数は中国72人（23年1月1日現在の人口2万2355人）、トルコ21人（1382人）、ベトナム12人（4296人）、フィリピン11人（2749人）などとなっている。人口当たりの犯罪率はそれぞれ0・32％、1・52％、0・28％、0・40％となり、クルド系がほとんどであるトルコ国籍者が顕著に高い。

統計学的にどのような条件を満たせば意味を持つのか、統計学に暗い私にはわからないが、サンプル数が少ないかもしれない。また、住民登録をしていない仮放免者が700人程度おり、大半がクルド人と見られている（後述）ので、この統計だけで一概にクルド人の犯罪率を語ることは難しいだろう。ただ、仮に川口在住のクルド人人口を2000人とした場合でも1・05％となるので、他国籍者に比較して高いとは言えそうである。

現地で私の取材した範囲では、クルド人のせいで川口市全体が無法地帯と化している、といったSNSにある書き込みは事実に反する。しかし、住民が迷惑を被り、強い懸念を抱いている地域もある。犯罪や迷惑行為の主体を明示し、その発生場所や形態を明らかにすることは、有効な防衛策、解決策を考えるためにも意味がある。差別、ヘイトという決めつけで情報や分析を封殺しては、住民の苦しみは解消されない。

解体業を中心に多数が不法就労

川口市には、2024年9月1日現在、4万6442人の外国人が在留する。市区町村別では東京都新宿区、江戸川区に次いで全国3番目（23年末現在）に多い。全人口60

万７７７６人に対する割合は７・６％になる。かつては鋳鉄溶解炉キューポラが象徴する鋳物工場が多く、多くの在日韓国・朝鮮人労働者が働いていた。以前から外国人は身近な存在だったという。

国籍別では、中国人の2万５１４２人を筆頭に、ベトナム人、フィリピン人、韓国人、ネパール人、それに次いでトルコ人は６番目の１５５８人で、ほとんどがクルド人と見られている。ただしこれは正規に住民登録をした人である（日本全国のトルコ国籍の在留者は23年６月現在６０７０人）。

入管庁の資料によると、不法残留などで収容されながら、健康上、人道上の理由で施設から出た仮放免者のうち最も多いのがトルコ国籍者である。22年末現在で全国で６５０人（うち男性４７２人）いたが、その後、数が増え、川口市在留の仮放免者の数だけで約７００人とも報じられている（24年４月13日付産経新聞電子版）。他国籍者も含むが、そのほとんどがクルド人と見られる。

在留外国人統計（23年12月）で川口市のトルコ国籍者の在留資格を見ると、「留学」12人、「経営・管理」22人、「日本人の配偶者等」１２８人、「永住者」（多くは日本人との結婚による）32人など。最も多いのは、「特定活動」の８０１人。特定活動はワーキングホリデーなど多くの活動が該当する在留資格だが、正規の在留期間内に難民申請をすれば、明らかに難民でない理由や複数回申請の場合などを除き、難民認定手続き中、与えられる。

この方法で、クルド人のうち生計維持能力がある人を除けばほとんどが、申請から数か月後に就労可の特定活動の在留資格を得ていると見られる。同時に、川口市では、仮放免者（就労できない）や就労不可の特定活動のクルド人が少なくとも数百人、解体業を中心に不法就労しているようだ。

23年に入ってから、上陸してすぐに難民申請をするトルコ国籍者が一挙に増えた。その数は、22年の445人から2406人と5・4倍になった。多くがクルド人とみられ、川口市の多くのクルド人の出身地であるガズィアンテップ県が、23年2月6日の大地震で大きな被害を受けたことも影響していると見られる。

入管庁は、トルコ人とクルド人の区別をつけて集計していない。従って、クルド人コミュニティーの全体像は正確にはわからないのだが、川口市在住のクルド人人口は24年半ばの時点で2000~3000人と見られる。

犯罪、迷惑行為は以前からあった。21年ころから問題が顕在化したのは、急速に在留クルド人数が増えたこと（15年5月の読売新聞には川口、蕨市の在留者数約600人という記事がある）、第2世代が青年期に達し非行問題を起こしていること、新たに日本に入国したクルド人が、これまで以上に日本社会の規範を軽視する行動をとっていることが背景にあるようだ。

集住するきっかけは、1990年代初め、日本の解体業者がクルド人を雇い入れたことだったという。すでに30年以上、既成事実が積みあがっている。

クルド人が容易に来日できる一つの背景として、トルコとの間で、短期滞在であれば査証（ビザ）を取得する必要がない「査証相互免除」の取極めを結んでいることがある。1958年の発効以来、コロナ禍で一時停止していた時期はあったが、継続している。日本は2024年4月1日現在、世界の71の国・地域と査証免除措置を行っているが、中東地域ではアラブ首長国連邦、イスラエル、カタール、トルコの4か国である。

難民申請5回で20年在留

川口市で解体業を事実上経営するクルド人Bさんの話を聞いた時に、こんなことが可能なのか、と驚きを禁じ得なかった。

Bさんは川口市赤芝新田に事務所を構えるクルド社会の「成功者」である。難民申請や訴訟を繰り返すことで20年間、日本に残留している。もちろん就労はできないが、実質的に解体業を経営し、相当な収入があるようだ。彼が当地のクルド人の発想、振舞いを代表しているわけではないにせよ、その一端を物語っていると思うので、２０２３年3月に行ったインタビューを紹介したい。

彼の事務所は、川口市北東部、埼玉高速鉄道線の戸塚安行駅から10分ほど歩いた場所にあった。住宅地、畑、林が混在する地域で、大きな看板を掲げる事務所は遠くからでも分かった。周りのヤード（資材置き場）も所有しているという。

まず、彼の会社の概要について聞くと、「雇っているのは20人位。日本人6人。あとキューバ、ブラジル、パキスタン、ウズベキスタン人。在留特別許可（第2章）の人、普通のビザ（この場合は在留資格の意味）の人といろいろ。仮放免の人はアルバイトの形にして、ずっとは雇わない。彼らが自分の生活費を稼ぐくらいは、入管も見逃している」

現在30歳代初めの彼が、日本に来た経緯は、「最初に日本に来たのは02年3月か4月。6月か8月にいったん帰り、母、兄と、04年9月11日に一緒に来た。兄はトルコで4か月間逮捕された。それで2回目の日本入国の時は、兄は偽造パスポートで日本に入ってきた」とのことだった。

その後、家族一緒に難民申請を繰り返し4回不認定となり、5回目を行っていた。また、この間、裁判所に難民不認定処分取消訴訟を起こし、最高裁まで争ったが敗訴している。彼は退去強制令書を発付されながら日本に残留している「送還忌避者」（第2章）の一人である。

「私は株主になっているだけで、解体業の会社は奥さん名義でやっている。難民申請は5回目を出したきり、入管からはインタビューにも呼ばれていない。結婚して9年たつが、妻とは日本で知り合った。妻が14歳、僕が17歳の時。妻はオヤジが日本人の日系ブラジル人。子供は娘10歳、7歳、息子4歳がいて、僕以外は定住者の在留資格がある」

23年2月6日に起きた、ガズィアンテップ市北西を震源地とする地震の話題になった。彼はいかに被災者救援に尽力したか、熱を込めて語った。

「お父さんはすでに帰国して地元にいる。地震が起きてすぐに僕に電話してきた。国に早く帰りたい人をトルコ大使館とやり取りして、ここで真夜中、午前0時、1時まで、（航空）チケットを手配して準備していた。最初地震が起きたときは帰る人が多かった」

入管法の改正には反対しない

「政治家に会ったり、ボランティア活動も10年以上やっているし、（日本社会からも）評価されているんじゃないか。感謝状とかもらっているし（事務所の壁には新型コロナ対策に協力したとして、奥ノ木信夫・川口市長からの感謝状が飾られていた）。知事も、最初会ったときクルド語で話してびっくりしたよ（大野元裕・埼玉県知事と一緒に撮った写真も飾られていた）」

Bさんは私に、資料が挟まった分厚いファイルを手渡した。在留特別許可を求め法相あてに出した資料だ。日本人の知人から寄せられた嘆願書50枚、地震の際のボランティア活動の写真、家族の写真、妻子の住民票、子供の出生証明書などが束ねられている。

そこまでして、なぜ、日本にいたいのか。

「トルコの学校は学校じゃない。日本の学校には、プール、パソコンあるし。僕は川口市の小学校に通学し、当時外国人は一人だったが特別の先生がいた。それと軍隊に行っていないからトルコに帰ったら軍に呼ばれる。日本まで徴兵を知らせる手紙が来る」

インタビュー当時、難民申請の回数を制限する入管法改正が議論されていたが、

「改正入管法は、成立してもいいと思っている。長く日本にいるとわかってくるのだが、3回くらい難民申請すると10年くらいいられるわけ。日本みたいに平和な国に住んで10年で成功できていない人間であれば、逆にどうかな、と思う。10年いればある程度の立場に立つ。自分を保証してくれる人が絶対いるわけ」

一方、すでに一定期間在留している人間には配慮が必要だと言う。

「20、30年いた人間に対しては、在留特別許可を出してもいいんじゃないか。今日本にいるクルド人をもっと大切にし、クルド人の子供が日本で育ったことを（日本政府は）受け入れるべき。僕が難民認定されないのはわかっている。不可能なことをずっとお願いしてもだめじゃないですか。会社はこれだけ大きくなったし、無事に続けられればいいかなと思っている」

地元のクルド人が起こしている問題についてはどう考えているのか。

「今来ている人はクルド人よりトルコ人が多い。今トルコ人もみな難民申請しています。昔は苦労して来る人が多かったが、今は、（先に来たクルド人が）会社作ったり、ビザを取ったりして地盤ができているから日本に働きに来る。こっちの方が生活しやすいし、平和だし、治安も悪くないしという考えで来るが、自分の国の（風習の）まま生活する人が多いから、みんな困っている。何千人にもなっているから止められない」

ただ、不法残留者を送還するべき、という考え方には語気を強めて反発した。

「外国人はいなきゃいけない存在になっている。クルド人の解体業者は百何十社あって、毎日関東で500~600件、仕事をやっている。それが1週間、1か月、なくなったらどうなる。関東の経済に影響する」

「5、6年前に茨城県牛久《うしく》市の『東日本入国管理センター』に収容されている仲間が倒れ、病院に運ばれた。LINEグループとか作っているから、一声かけたら車百何十台が集まり、茨城県の病院に向かった。圧力をかけて仲間は仮放免になった」

高級外車を乗り回し「炎上」

こうしたやり方は、トルコ大使館前の乱闘や、川口市立医療センター前の騒ぎを想起させる。「日本人の反感を買います」と言うと、「日本人には、おかしい、危ない人たちと思われるだろうけど、これだけ地盤、家族もあって、はいあなた強制送還です、と言われたらギリギリのところでは、僕たちも動かなければならない」と、目的のためには手段は正当化されるという考えだった。「入管の人間を3回殴ったことがある。血だらけにしたこともある。捕まったことはないが」と物騒なことも言った。

トルコに送還されると、政治的迫害を受けるというのはどの程度当てはまるのか。

「そういう人もいるがそうでない人もいる。みんながみんなそうではない」

最後にまた解体業界の実態について聞くと、

「(クルド人解体業者は)法律とは無関係にみんなやっていて、アスベストの基準も守らない。不法投棄も増えている。昔の日本人の業者はブローカーになり、外国人は皆その下でやるから、基本的に安くなっている。クルド人業者は、お金を稼ぐことがわかっていない。100万円の仕事で40、50万円稼がねばならないところ、5万円残ればいいくらいの感覚でやっている。社会保険、給料を払うとなると、それはできない」

「僕は元請けからしか仕事を受けない。日本はまじめにやれば返ってくる。我々の国はそうじゃない。まじめにやったって返ってこない」

話し始めて3時間近くたっていて、日も暮れてきた。Bさんは幅広く中東と商売をしたい、という夢を語り始めたが、細部が曖昧な彼の日本語を聞く集中力も切れてきたので、事務所を後にした。

彼の発言は、在留資格を何とか得ようとするための自己正当化の色彩が強く、そのまま受け取れないところがある。入管庁職員に対する暴行があれば、入管庁は警察に告発するので記録が残っているとのことだが、確認はできなかった。車を連ねて押し掛けた話も誇張があるように思われる。

入管庁筋によると、Bさんは在留資格を求め地元の政治家にしきりに働きかけているという。法秩序に対する考え方が根本的に違うのだろうが、法を軽視し、有力者とのコネで何とか事態の打開を図ろうとする姿勢は、大方の日本人には違和感があるだろう。以前から日本のメディアにしばしば登場し、自分自身を含め、在留の正当化に努めていた。メディアがどれだけ彼の経歴を知ったうえで、発言の機会を与え続けてきたのか分からないが、それが彼を増長させてきた一因ではないか。私とのインタビューの後、SNSに高級外車と一緒の写真を掲載していたことが明らかになり、「難民がなぜ高級外車を乗り回しているのだ」と怒りの投稿で「炎上」した。

世論の風向きはクルド人に対して厳しくなってきている。そのことを感じているからだろう、2023年10月中旬、その後の様子を聞こうと電話で再度インタビューを申し込むと、端《はな》から攻撃的だった。

インタビューについては「意味ない。もういろいろな人間が来て、いい加減にやめてほしい。ゴミだ、あいつら」。医療センターの事件については、「もう終わったこと」。高級外車の映像をSNSにあげていたことに触れると「なぜ難民が貧乏でなきゃいけないんだ」。不法残留であるとの指摘には「強制送還するならやってみろ」と激高し、頭に血が上っているからか、最後は半分くらい意味不明の日本語で怒鳴り、20分間話したのちに一方的に電話を切った。

不法就労者の劣悪な労働環境

言うまでもなく、Bさんのように「経営側」の人は少数であり、クルド人の多くは不安定な身分のまま、解体業の労働者として劣悪な環境で就労している。

関東地方で解体工事を請け負っている大橋解体工業（茨城県結城市）の大橋紀之専務（32歳）は、X（旧ツイッター）で解体業の実態や問題について発信している。その中にはクルド系解体業者の問題を扱ったものもあったので、業界の実態について話を聞いた。

大橋専務によれば、「わが社なら坪5万円でないとやらない物件を、クルド系の中には、2万円台で受注している業者がある。社会保険、工事保険、車両保険に非加入で、不法就労や不法投棄を行い、日当8000～1万5000円で作業員を雇わなければとても成り立たない」

「人件費を外注費として計上すれば、社会保険等を払わずに済ますことができることも大きい。クルド系解体業者の見積書を見せてもらったが、日本人で入れ知恵している人がいるとの印象も持った」

「解体工法や重機の選定も無茶が多く、壁がそのまま後ろに倒れるとか、いつ起きてもおかしくない。このままだと作業員だけでなく、第三者を巻き込んだ死亡、けが、物損事故などが起きると思いますよ」

2020年にはクルド人作業員の死亡事故が起きている。転落して重傷を負ったクルド人の話も聞いた。

クルド系の解体業者がいなくなれば、困るのは地域経済との主張に対しては、大橋さんはこう反論する。

「過疎化している地方で、市内に業者が1、2社しかないのなら、解体業者が不足しているからクルド人が助けている、と主張できるだろう。しかし、関東の場合、業者も働き手もたくさんある」

「わが社の場合は、普通の民家の解体は、今は値段で全く太刀打ちできないのでやらず、高度な技術がいる大きな公共建築物の解体などに集中しているが、普通の民家の解体も、建物の構造や周辺環境にもよるが、一般的には坪4万円くらいならできる。クルド系業者がいなくても困らない。ダンピングの業者が排除されれば、僕らも不当な競争にさらされなくて済む」

「解体業界はここ数年で急速に法整備が進んでいて、それなりに立派になってきたのを、こうした業者が広がれば今までの努力が全部無駄になってしまう。これがまかり通っていたら、もう会社を閉めるしかない。クルド系は意識が低すぎる」

仮放免の状態でも、居住を証明する電気料金とか水道料金の請求書を提出することで、普通運転免許証は取得できるという。ただ、工事現場の重機の免許まで取っているのかどうか、大橋さんはいぶかしがる。

もっと監督官庁が取り締まりを強化して、不正常な解体現場を是正できないのか。問題は監督官庁が多岐にわたることだという。

「クルド人の就労は入管庁、解体工事は市町村の環境課や建築指導課、アスベスト除去工事は労基署が管轄。それぞれ分野が違うので、例えば警察が現場に行っても何が悪いのか理解できない。騒音の苦情が来ているので、気を付けてやってください、くらいしか言えない」

「取り締まりも段階がある。とりあえず注意するが、当然従わないから、そうこうしている間に解体工事は終わってしまう。口頭注意、是正命令を行っても、罰則があるのは最後。解決には、今は届け出制の解体工事を全部許可制にするしかないのではないか。ただそれをこなすだけの能力は市町村にはないだろう」

法規順守によって社会的弱者の権利と利益が守られる。法規無視の状況を許容することは、多くのクルド人の利益を拡大しているようだが、危険な現場と低賃金が野放しになり、クルド人の中の弱者に対する人権侵害の横行を許すことになる。

膨らむ外国人による医療費未収金

クルド人に限った問題ではないが、地方行政も一部の外国人による負の影響に苦しんでいる。その一つが、自治体医療における、外国人による未収金や入院助産制度利用の増加である。

未収金に関して川口市が公表しているデータは、国籍別の数字は公表していない。ただ、関係者の話を聞くと、母数が多い中国人、ベトナム人に加え、クルド人による未収金も大きな部分を占めているようだ。

「令和4年度川口市病院事業予定損益計算書」によると、医業収益185億5667万円の収入に対し、費用は189億5489万円で、3億9823万円の損失だった。入院・外来の未収金は合わせて3億9656万円だが、そのうち外国人の未収金は7471万円、18・8％を占める。とりわけ産婦人科の診療に関わる未収金2938万円のうち、外国人の占める金額は702万円、24・0％と深刻だ。

ある市会議員によると、5年間の私債権の時効を過ぎた債権放棄案件、つまりもう回収不能とあきらめた件数と金額は、2022年度が218件1592万8185円で、そのうち外国人によるものが52件660万4589円と、件数で全体の23・9％、金額で41・5％を占める。債権放棄案件で外国人が占める割合は、件数、金額とも増加傾向にあり、金額で20年度は全体の25％、21年度は33％だった。

外国人の場合、外来の未収金が入院のそれよりも多いのが特徴だ。過去の議会での発言だが、特に救急外来では、未収金の80％が外国人によるものとの指摘もあったという。

前述のように川口市の人口に占める外国人の割合は7・6％（24年9月1日現在）なので、外国人が医療費を払わなかった割合は著しく高い。

医師法には原則として医師は診療治療を拒んではならないとする「応召義務」が定められている。特に救急医療の場合はそうである。しかし、自治体病院の経営環境は厳しく、多くの未収金は自治体病院の経営を圧迫する原因となっている。

出産ラッシュで入院助産制度圧迫

生活保護を受けていたり、無保険など困窮している世帯を対象に、自治体が出産費用を補助する「入院助産制度」の利用件数は、担当する川口市子ども部によると、2022年度は25件で、そのうち日本人13件、外国人12件だった。18年度は全部で18件だったが、その後、外国人による申請が増えてきた。国籍別の件数については公表できないが、23年2月のトルコでの地震以降、相談に来るトルコ国籍者が増えているのは事実、という。

出産費用は通常分娩であれば30万～50万円、帝王切開であれば80万～100万円の費用が掛かる。入院助産制度は、出産間際になって誰からも支援を受けられない、緊急を要する人の出産を支援するのが目的だ。病院に妊婦健診に来て、出産費用について払えないと相談するケースが多い。病院から直接、子ども部に打診があったり、病院に促されて相談に来たりする。ただ、支援は本当に支払い能力がないのかどうか調査をしたうえで行われる。外国人の場合は、負担できるコミュニティーや支援者がいたり、収入がないと言いながら稼いでいたり、川口市に居住実態がない仮放免者もいるので、そうした点を確認する。

24年4月、川口市のクルド人を支援している団体の女性の案内で、クルド人新生児の予防接種に立ち会った。市内の診療所に、生後2か月の新生児を乗せた乳母車を押して現れたのは、20歳のクルド人の母親だった。実の兄の夫妻が隣の越谷市に住んでいるので、それを頼って夫婦で23年9月に来日し、11月に難民申請をした。

支援者の女性は診療所の窓口で、連絡先などを確認しながら問診票に記入する手伝いをした。彼女によると「生まれる一週間前に来日するクルド人の妊婦もいる。そうしたクルド人が急増している」と話す。

「今、川口市のクルド人の間で出産ラッシュです。日本で子供を産めば強制送還されないとのうわさが出回っているらしい」

困窮したクルド人に入院助産制度を紹介しているが、「正直言って、妊娠して日本に来るクルド人まで支援することはちょっとやりたくない」と彼女は表情を曇らせた。

急増するクルド人児童生徒たち

もう一つ、矛盾のしわ寄せが及んでいるのが教育分野である。

前述のように、退去強制令書を発付された仮放免中の子供であっても、地元の小中学校で教育を受けられる。すでに、大学、大学院に進むクルド人の若者も現れている。だが、家庭環境に恵まれず、能力が不足した多くの子供たちが非行化しており、彼ら自身がXに、車の暴走行為や解体工事現場で働く自らの姿を映した映像を投稿している。日本語ができず中学1、2年生で学校からドロップアウトするクルド人の生徒が多い、と地元では言われている。放置していては、これらの若者が反社会勢力に組み込まれるなど、長期的に地域社会にさらに大きな負の影響をもたらすだろう。

川口市教育委員会によると、2024年5月1日現在、市立小中学校の児童生徒（以下、生徒）数4万2000人（以下、概数）のうち、外国国籍は3100人であり、そのうち中国国籍が2100人、次いでトルコ国籍が400人、フィリピン国籍が170人となっている。外国人の生徒数は22年度2400人、23年度2700人、毎年トルコ国籍者の割合は13％程度であり、人数は300人、350人と毎年50人ずつ、かなりの割合で増え続けている。

機微に触れる情報は得られなかったが、不登校件数は増加傾向にあるという。平日昼間に不登校のクルド人生徒たちが、公園やショッピングモールでたむろしている、中学生なのに解体の仕事についているという情報は、教育委員会も把握している。その情報を学校に伝え、家庭訪問を強化するなどの対応も行っている。

日本語教育の重要性についてはつとに認識されており、川口市には「日本語指導教員」55人が、外国人生徒が多い市内45校（全市立小中学校数80校）に配属されている。指導教員がいない学校には、教育委員会から4人の「日本語指導支援員」を派遣している。

ただ、市が支援できる外国人の子供は、入学を希望し学籍を持つ生徒だけである。24年4月に運用が見直され、仮放免者の情報が自治体に伝えられることになったため、学童期の子供をより容易に把握できるようになった。未就学の子供についても行政として何かできるのか、取り組み始めたところだという。

川口に在住するクルド人の多くは世俗的であり、原理主義的なイスラム教徒との間で起こる問題は今のところないようだ。学校給食にハラル（イスラム教の教えに則った食品）を求める動きもなく、弁当を持参するなど個々の家庭に対応を任せている。

親についてきただけ

川口、蕨市のクルド人は春の訪れを祝う祭「ネウロズ」を、当地に住み始めた1990年代から開いており、近年はさいたま市の荒川河川敷にある埼玉県営秋ヶ瀬公園を会場にしている。

2023年3月21日に行われたネウロズは、コロナ禍のため4年ぶりの開催だった。会場で日本語を流暢に話す、民族衣装で着飾ったクルド人女性のグループに話を聞いた。2人が大学生、1人は高校生だった。

「若い人が何を考えているか、興味がある」

と話しかけると、

「若い人はクルドに関してはほとんど何も知らない。ネウロズは正直言って今までは何でという感じだった」

と一人の大学生は答えた。

「(23年2月の)地震の時に国から見捨てられたんだ。今でもクルド人、差別受けているんだなって思った。腐っている政府なんで、耐震基準はあるが誰も守らない。地震保険に入れさせてお金をぼったくるのがずっと続いていた」

　高校生は地元を離れたいという。

「川口はクルド人が集まっている。何か悪いことをすると全員同じ扱いをされる」

　もう一人の大学生は、こう話した。

「親戚同士で助け合ったりして、お金ない人は、仮放免でない人に助けてもらったり、結構苦しい思いをしながら生きているけど、でもみんな、安全でいるから、幸せになっています」

「なんでそこまでして日本に来なければいけないのか」

　と聞くと、

「私は親についてきただけ。お母さんたちに日本の方が安全と言われて。違う国だからもっと危ないじゃないの、と思うかもしれないが、全然そうじゃない」

「子供を育てるとき安全、学校に安全に行ける。トルコでクルド人はいじめられた。政府にいじめられ、日本に行こうかみたいな話になった。ネウロズも応援なんです。私たちのために戦ってくれている方たちのための」

「日本の文化と全然違うから大変なのでは」

と重ねて聞くと、

「そうですが、だんだん皆慣れてきています。日本人にも日本人扱いされるようになってきている」

こんな風に話した後に、また踊りの輪に戻っていった。

クルド人を集めない方がいい

この3人組は2024年3月20日のネウロズにも来ていた。「改正入管法の施行でクルド人コミュニティーは変わるか」と聞くと、大学生の一人は雄弁に話し始めた。

「難民申請では、意味の分からない奴らが（在留資格を）とっていて、まじめに頑張って日本語検定3級を取っている人がビザなしになって、もう一度申請してくださいとなる」と在留資格の基準がわからないと訴える。

彼女の一家は子供の時に来日し、不法残留だったが5歳の時に在留特別許可となった。父親は解体業を経営していると言う。

「大半は好きで来ているわけではない。子供は悪くないじゃないですか」

と言うので、

「勝手に来ている親が悪いのでは」

と、ややきつく問うと、自己主張のトーンを弱めて話し続けた。

「入管法を厳しくしてもらうのはいいんですよ。規範の中での自由でいい。車で（暴走行為を）やっている奴らに関しては、チャンスをあげる必要性はないと思う。頑張らないやつは正直、難民でもなんでもないんで。ちゃんと生活できてない、ルールを守らないのなら、在留資格は必要性ない。ただ、クルド人一括りだけは嫌です」

「クルド人を集めない方がいいと思う。地域の問題とかたくさん出てきちゃうし。日本語を私たちはわかるが、新しく来たばかりの人は覚える必要がない。どこにいてもクルド人がいるから」

「（宗教的には）食べ物は習慣的に豚を食べていなかったのと、ラマダン（断食月）だけは習慣が違うが、そこまで宗教にのめり込んでいる人たちではない。クルド人にはキリスト教徒もいる」

「年寄りは向こうにいる人が多い。または家族の面倒をちょっと見てまた戻るパターン。埋葬の問題はあります。ここで亡くなった人の遺体はトルコに返されています。私も1、2回見た。遺体を燃やすということは、日本とかアジアだけなので抵抗がある」

彼女は能力があり、在留資格を得たクルド人の立場を代弁しているのだろう。クルド人が置かれている状況が垣間見られ、中でもクルド語だけで生活ができるコミュニティーがすでに出来上がっているという指摘は重要だ。

クルド人の故郷はどんなところか

川口、蕨市在住のクルド人が在留する根拠が、「我々はトルコで迫害されている難民だ」という主張である。その当否を確かめるには、多くのクルド人の出身地であるガズィアンテップ県を訪ね、現地の様子を取材するにしくはない。2024年5月、イスタンブール経由で空路、ガズィアンテップ市に行き、周辺のいくつかの村を、イスタンブール在住のトルコ系ドイツ人通訳と回った。

「こんにちは」――小学生たちが口々に日本語で話しかけてきた。ガズィアンテップ市から車で1時間ほどのヒュリエット村の小学校。校庭ではのんびりと牛が草を食んでいて、鳥のさえずりや鶏の鳴き声が聞こえてくる。

ガズィアンテップ市から郊外に出ると、大きな岩が一面に転がった赤茶けた斜面に、深い緑の灌木、ピスタチオやオリーブの木が点在している。羊飼いに追われる羊の群れ

ヒュリエット村の小学校の児童たち

が、岩の間を長い列を作って通り過ぎる——幹線道路から枝道に入り、さらに細い田舎道の坂を上がっていくと、ヒュリエット村があった。たくさんの燕が家々の間を飛び回っていた。

トルコ国旗が掲揚された、平屋の粗末な校舎。その前の校庭に集まってきた3、4年生12人は、口々に「兄のうち二人が日本にいる」「いとこが日本人の女性と結婚して日本にいる」などと話し、中にはお土産にもらったという1円玉を自慢げに見せる男の子もいる。子供たちの日本在留の親族は全て川口、蕨市にいる、という。

小学校を離れるとき、子供たちは「さよなら」と手を振った。日本に対して親近感を抱いているようだった。

よりよい生活を求め海外へ

ヒュリエット村から1時間ほど離れたガズィアンテップ県に隣接するカフラマンマラシュ県テティルリク村は、粗末なレンガ造りの農家が山の斜面に並ぶ村だった。大きなトラクターが倉庫に停めてある農家の庭先で老夫婦がたたずんでいたので、近所の人が集まっている「集会所」がないか聞いた。「娘がいま日本にいる」と妻は話した。日本から来たと言ったので、好感を持たれたのか、夫がトラクターで先導するからついて来い、と言う。

中東諸国の田舎には、昼間から近所の男たちが集まってお茶を飲みながら過ごす集会所とでもいうべきたまり場がある。集会所は坂を数分下ったところにあった。看板も何もなく、外見からはそれとはわからないコンクリートむき出しの建物だった。中に入ると10人ほどの中高年の男性がお茶を飲んだり、トランプに興じたりしていた。ここでも、私が部屋の中に入っていくと親しげに「こんにちは」と声をかけてきた。

その中の一人アリ・ジャンさん（62歳）は「27歳の私の息子は期限付きの在留資格を

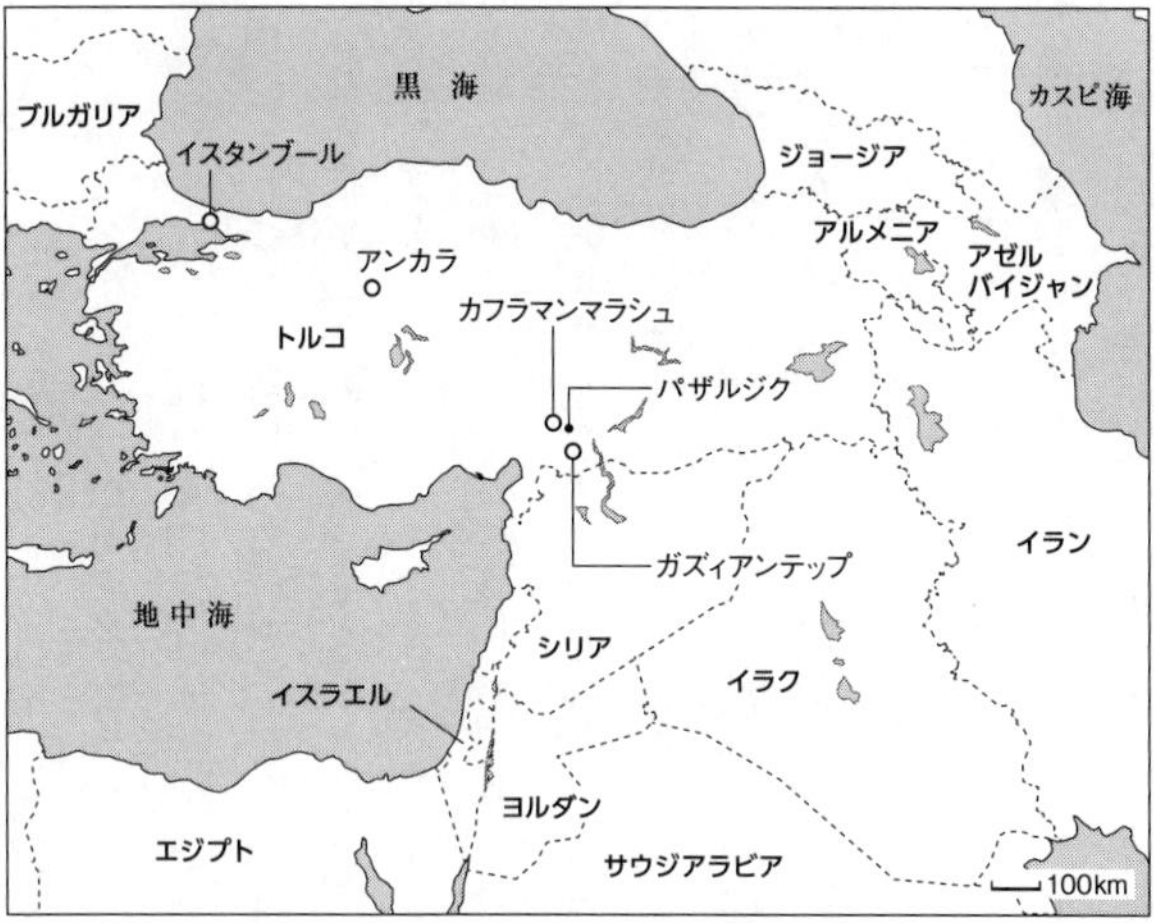

得ており、5年前から蕨市で解体業について いる」といって、その場でスマートフォンを使って蕨市にいる息子と連絡を取り、私もスマホの画面を通してその息子と、日本語で一言二言言葉を交わした。もう一人息子がいるが、日本に6、7年在留したのち、結婚して今ヨーロッパにいる。

何人かの男性が訴えたのは、本人や親族が日本の入管施設に収容されたり、送還されたりしたことへの不満だった。77歳の男性は、「25歳の孫は今、入管庁の施設にいる。2週間前に日本に行って空港で拘束され、施設に送られた」という。村人の一人が言うには、2組の家族が昨日、成田に向かったが、やはり収容されている。

また、43歳の男性は、3日前に成田空港で入国しようとしたが、「帰路の航空券を持っていない」との理由で、そのまま送還されたと話した。日本に入国しようとしたのは2回目だが、1回目もやはり入国できずに送り返された。彼の兄は6年間、日本で難民申請をしつつ、解体業の仕事をしていたが、家族を呼び寄せることができなかったのと、父親が病気のために戻ってきたと言う。確認はしなかったが、兄の代わりに日本に向かったのだろう。

集会所には出入りがあったが、半分ぐらいの男性が日本とのつながりがあるようだった。そこに集まった男性たちの間では「我々は仕事がない、収入がない。インフレーションがひどい」と経済状況への不満が強かった。ある男性は「月100ユーロ（約1万6000円）を稼ぐのがせいぜい」と嘆いた。

村の人口は約2000人だが、生活の苦しさから多くが海外に出ている。100〜150人が日本に在留し、ほかにも欧州諸国などに行っているため、村に残っているのは650〜700人に過ぎない。車で通りすぎただけだが、確かに村で目につくのは老人と子供ばかりだった。

「政治的な迫害があるのが日本に行く一つの理由か」との質問に対しては、「1990

年代には多くの弾圧があり収監もされたが、今はこの地域ではそうした迫害はない」と言う。ただ、「都会に出てもクルド人だから仕事がない。その上、我々はアレヴィー派（イスラム教の少数派）の信徒でもあり、仕事から排除されている」と語り、経済的困窮の背景には差別があると主張した。ふもとのパザルジク市には大きな工場も目に付いたが、村の雇用は生んでいないという。

日本に行った親族からの仕送りや、本人が帰国したときに立派な家を建てたり、商売を始めたりするケースが他国ではあるが、この村の場合はそういうことは少ないようだ。ジャンさんも「時々仕送りしてくるくらい。日本に行く90％の人が自分の家族を養うため。日本での生活がぎりぎりな人が多い」という。

帰国後、農業で成功

最後に向かったのは、車でまた1時間ほど離れたチャムルル村。この村も住民350人のうち50～60人が日本に在留しているという。

この村は日本クルド文化協会のチカン代表理事の出身地で、伯父ファティ・チカンさん（63歳）の家がある。チカン代表理事の父親で日本在住のハッサン・チカンさん（60

歳）と、やはり親戚で、ニュージーランド（NZ）在住のエルマン・チカンさん（40歳）がちょうど故郷に帰ってきたところで、私が訪ねたとき、庭でケバブパーティーの最中だった。庭先のいすに座って一家の話を聞いた。

エルマンさんは流暢な英語で「2001年～06年、日本に在留した。トルコには自由がないので自由を得るためだった」と話した。日本で難民申請をしたが認定されず、入管施設に1年間収容されたが、国連難民高等弁務官事務所（UNHCR）が人道的見地から認定する「マンデート難民」に認められた。その後NZに渡り、NZ政府から難民認定され、市民権を得た。NZで通信関連の教育を受けて「ネットワーク技術者」として15年間通信会社で働き、十分にお金を稼いだので、もう引退すると言う。

「NZは日本よりずっといい。生活に100％満足している。日本は規則が厳しく、日本人は幸せではない。2年に1回、故郷に帰ることにしているが、ここは若い人が全然おらず退屈だ」

ハッサンさんは、日本語を話し、今は定住者の在留資格を持ち、川口市で解体業の会社を経営する。私が理解できた範囲で彼の発言を記せば、1993～99年に日本に在留し、難民申請をしたが認められずいったん送還された。しかし、帰国後、日本での活動がとがめられてトルコ当局に拘束され、2か月間収監された。2001年に再度、パスポートの発給を受けて日本に入国し、空港で難民申請をした。その後在留特別許可が認められた。この間、トルコに数回帰国している。

24年6月10日の施行が目前だったこともあり、改正入管法について聞くと、「私の家族は在留資格があるから問題ないが、周りのクルド人は心配している」と話した。

ここの主でハッサンさんの兄であるファティさんも04～10年、日本に在留した。「クルド系政党で政治活動をしたため（迫害され）、日本に行くことにした。トルコではクルド人としての民族性ではなく、トルコ人として生きねばならない。弟は実際に逮捕されているので在留資格を与えられたが、私は在留特別許可も得られなかった。不法残留状態で日本にいることは心理的な負担だったので帰国を決めた」

「帰国してからは年を取ったこともあり、政治活動はしていない。ただ、日本にいる24歳の息子は、SNSにクルド関係のポストをしているので、帰国すれば逮捕されるだろう」

チカン家の親族には有名なクルド人政治家や地元市長もいた。民族意識が強い一家のようだ。

ファティさんは故郷に帰ってきてからは「村で農業で最も成功した一人」になったという。2ヘクタールの畑を持ち、小麦、カラスムギ、レンズマメなどの作物を栽培していて、ガズィアンテップ市で販売し、収益は上がっている。かつて羊の放牧もやっていたが年を取って追うのは難しくなったので全部売り払い、牛舎で7頭の牛を飼っている。家屋は1階が牛舎で、2階が居住部分となっていた。中をのぞかせてもらったが、居間、寝室、客室、台所などどの部屋も広々としており、立派な建物だった。

ファティさんは「NZ(の親戚)よりも私は成功しているよ」と笑った。

日本で働けるようにしてほしい

時間は前後するが、テティルリク村に向かう前に、地域の中心市の一つパザルジク市のハイダル・イキゼル市長(55歳)に、市庁舎でインタビューした。

パザルジクはカフラマンマラシュ県に属し、湖のほとりに広がる人口約7万人の市。市長が所属する政党は、中道左派の最大野党である共和人民党(CHP)で、市長室にはトルコ共和国初代大統領で党の創設者でもあるケマル・アタチュルクの大きな写真が掲げられていた。

この地域は2023年2月の地震で大きな被害を受けた。斜面に広がる市街地を市役所の職員の案内で回ったが、ひびが入って放置されたビルや、更地になったまま再建の様子がない土地が至る所にあった。なかなかはかどらない復興を物語っていた。

インタビューの内容をかいつまんで記せば次のとおりである。

「このあたりはもともと貧しい地域で、地震の前から経済問題はあったが、地震後はもっとひどくなった。自治体の長が、タイップ・エルドアン大統領の与党である公正発展党（AKP）の支持者か、そうでないかで予算配分に顕著な違いがある。私は野党CHPなので、予算が削られる。明日ドイツに行くが、町の再建に向けた支援を要請するためだ」

――なぜ多くのクルド人がこの地域から日本に行くのか。

「経済的な理由だ。それとヨーロッパ諸国は入国に査証が必要だが、日本は必要ないからだ」

――査証免除の停止を求める議論（第4章）が日本であるが、どう思うか。

「なぜ日本で働けないのか聞きたい。査証の導入を支持しない。トルコに査証を要求すれば、トルコも同じことを日本にする。両国関係を傷つけることになる。通常の旅行者にも査証が要求されることになる。（労働目的か旅行目的かを）区別するのは容易ではない。査証は人間的ではなく、人権に反する」

——日本でクルド人の多くが不法就労していることをどう考えるか。

「犯罪などを起こした場合は、送還してかまわないが、ただ働く場合は労働許可を与え、正規に働けるようにすべきだ。パザルジクの犯罪率は低い。日本のクルド人は犯罪者ではない。普通の労働者だ。パザルジクの人間を容易に日本社会に統合することができるだろう」

——就労許可がなく働いているのは日本の制度としては問題だ。

「ここでは経済が一番の問題。日本に行ったクルド人が（査証免除で在留できる期間である）3か月で帰国するのは厳しい。ここの経済状況は貧しい。ここではクルド人は政治的に迫害されている。というのは公的職業に就くことができないからだ。公的機関に勤めることができないので、失業者はトルコ人よりクルド人の方がずっと多い」

——日本では多くのクルド人が難民申請をしているがどう考えるか。

「日本だけではなく、ドイツ、フランス、オランダ、英国などで難民申請をしている。政治的、経済的理由でここでは生活できないから、彼らはこの町を去る」

――「トルコに帰れば殺される」との主張もあるがそんなケースがあるのか。

「殺されることはない。市長としては国が殺人を犯すとは言えない。ただ、拘束される可能性はある。SNSやフェイスブックなどで反AKPの投稿をすれば、何年間も拘禁される十分な理由になる」

市長には地域経済を預かる行政の長として、失業問題軽減や外貨獲得のために、多くの市民に、いわば出稼ぎで日本をはじめとする先進国で働いてもらいたい、という気持ちがあるのだろう。ただ、それを相手国の法制度の尊重より優先させるとすれば問題だ。

クルド人を理由とした迫害はない

ガズィアンテップ市周辺の取材を終えた翌日、ある民間援助団体に紹介してもらい、市内にあるこの援助団体の現地事務所で、歴史教師のクルド人男性（34歳）の話を聞いた。北東に約100キロ離れたアドゥヤマン市生まれで、ガズィアンテップ大学を卒業したという。都市在住の中間層の人といっていいのだろう。

日本に2回行ったことがあると言い、川口、蕨市で起きている問題についてもよく知っていたが、考え方はガズィアンテップ市周辺の大方の村人たちとは正反対だった。

「トルコ人とクルド人の対立は、SNSで誇張して伝えられている。私自身クルド人だが弾圧された経験はない。快適に暮らしている。もし犯罪を起こせば裁判を受けるが、そうでなければ全く問題ない」

「日本でトルコに帰ったら迫害される、と主張している人は、80％は誇張して語っている。トルコで自由がないといえる人は一人もいないだろう。日本に行くのは経済的な理由で、政治的な理由を使って日本で難民の地位の許可を得るための近道を得ようとしている」

「クルド人とトルコ人はほぼ同じ数、日本に行っている。日本に行くクルド人は、教育がなく貧しい僻村からきている。クルド人に関する間違ったイメージを与えてしまうだろう。ここの住人を代表しているわけではない」

「ほとんどのクルド人、トルコ人は日本の平和を乱そうとしていないが、2015年に在日トルコ大使館前で両者の間で諍いがあった（前述）。現在トルコ経済は悪化しており、ますます多くのトルコ人が国を離れている。日本に行く人はお金を稼ごうとしているだけだが、日本人は気をつけねばならない」などと語った。

どれだけ全体の立場を代表しているかはわからないが、AKPの支持者の3～4割はクルド人とされており、体制寄りの考えを持つ人がいたとしても不思議ではない。

北欧のような民主主義ではないが

続いて、援助団体の事務所の近くにあるガズィアンテップ大学にメスト・シェーレト准教授（47歳、国際関係論）を訪ねインタビューをした。オルフン・ゼーツェン教養学部助教授（57歳）も同席した。

同大学は1987年設立の国立大学で、市内にある4つの大学のうちの一つ。シェーレト准教授の研究室で、2人は代わる代わる語ったが、ほとんど意見の相違はなかったので、発言者を特定せずに引用する。

「ガズィアンテップ市でも人口の40％以上がクルド人。土着ではなく東部からこの都市にやってきた。私（シェーレト）はここで生まれ育ったが、子供の時の民族構成は全く違った。多くの都市でクルド人人口が増えている」

クルド人は弾圧されているのか、という問いに対しては、はっきり否定した。

「もしそうならば、自分の目で見てわかると思うが、彼らはこんな感じで歩きまわることはできないだろう。もし、誰かが弾圧されているというのであれば、それは一般的な問題であって、クルド人だからではない」

2人が強調したのは、トルコ、米国、欧州連合（EU）などがテロ組織と見なすクルド人武装組織「クルド労働者党」（PKK）の危険性だ。

「彼らは独立した国家を作りたい。政府はこうした分離は認めない。政治家やジャーナリストが逮捕されるが、それは反政府運動をしたからではなく、集会を組織する、活動家をかくまう、プロパガンダをするといった形でPKKを支持したからだ。刑法、憲法に違反する罪を犯しているからだ」

私はドイツに駐在していたので、ドイツをはじめヨーロッパのメディアが、権威主義的なエルドアン政権に対する批判を強めていることを知っている。そのことを指摘すると、

「ドイツメディアはトルコの状況を理解していない。権威主義的というが、どこの独裁国家で、（2024年3月の統一地方選挙のように）野党が勝つのだろう。批判的なのはいいが現実を無視してはいけない。PKK支持者はドイツ、日本に行き、自由がない、抑圧されているなどとロビーイングをしている。しかしそれは真実ではない」

「我々はノルウェーでもスウェーデン、スイスでもない。100パーセント民主主義国

家とは言わないが、それでも我々は民主主義国家であり、選挙に出て勝つこともできる」

「トルコが紛争国に囲まれた厳しい環境にいることも念頭に置く必要がある。ヨーロッパはウクライナ戦争に直面しているが、我々ほどの厳しい環境にはいない。非常に過激なＰＫＫというテロリストグループがいてトルコ軍人を殺害している。我々は国家を防衛しなければならない。我々の制度はＥＵに倣ってもっと進歩的でなければならないというかもしれない。しかし、それでは国家が存続できないかもしれない」

シェーレトさんは自分のパソコンで、川口市で日本の極右団体が行った反クルド人デモの様子を映した動画を再生し私に見せた。日本のクルド人をめぐる様々な動きもかなり正確に知っているようだった。

「日本のクルド人の数が増えているのは、家族を呼び寄せることができ、査証なしで日本に行けるためと知っている。彼らの一部は軍事訓練を受けている。不安定を作り出すだろう。日本人はこうした状況を知らない。向こう1、2年、気を付けた方がいい」

エルドアン政権は国立大学への統制を強めていて、ＡＫＰを支持する大学教員で固めているといわれているが、２人の大学教員の発言は、かなりの程度、現政権の立場を代弁するものだろう。

公教育でもクルド語使用を

その後、首都アンカラに飛び、バハドゥル・ペリヴァントルクTOBB経済技術大学准教授（52歳、政治学）にインタビューした。京都大学で政治学の博士号をとり、日本語が堪能。現政権に批判的で、自分自身をリベラル派と位置づけた。ペリヴァントルクさんもPKKへの警戒感を強調した。

「諸外国にあるPKK以外のクルド移民の団体はつぶされ、ヨーロッパのクルド人はほとんどPKKの勢力下に入った。反トルコ政府を掲げ、政治的になっている。（PKK指導者で現在服役中の）アブドラ・オジャラン受刑者がクルド人統合のシンボルとなっている」

「PKKは非合法の組織なので、麻薬密売を資金源にしている。ヨーロッパ諸国で拠点を築き、クルド人の人権問題があると宣伝し、在外クルド人を組織し自分たちの『税』を徴収する。エルドアン大統領は総じてトルコ人とクルド人の間の統合に成功した。国内では政府を支持しているクルド人がたくさんいる。PKKも国内ではクルド人全部をコントロールできない」

「もしPKKが日本で拠点を確保したら厄介だ。マフィア化し麻薬取引に関わることになる。それがこれまでのヨーロッパでのパターン。ヨーロッパのマフィアは、オランダからスウェーデンまでクルド人組織が強い」

――クルド人は何を求めているのか。

「公教育は全部トルコ語だが、クルド語での教育の権利は欲しい。それ以外は、あまりない。私立学校ではクルド語の授業は何年か前から許されている。1980年代、クルド語をしゃべると逮捕されて拘禁、拷問もあった。90年代になるとクルド語を話すのは許されたが、研究での使用はだめ、などの制限は残った。99年のオジャランの逮捕でもうちょっと緩められた。エルドアン政権で文化的な制限はなくなった。ネウロズを開くとか、クルド語のシンポジウムとかはできるし、クルド語の本、雑誌もたくさんある」

「でもそれで目標達成ではない。公用語はトルコ語だけ。誰でも母語で教育を受けたい。地方の役所でクルド語を使おうとすれば、今の憲法では違反になる。私はリベラルの立場なので、基礎教育や役所の中で使うことは認めてもいいと思う。例えば（クルド人が大半の）ディヤルバクル市だったら公的な場で使ってもいいのではないか。カナダではケベック州でフランス語が公用語となっている」

「クルド語について憲法の中で地位を与えねばならない。人口の4分の1くらいがクルド人だが、クルド語は憲法の中に公的な地位がない。クルド人が批判しているのは理解できる。批判したから逮捕されるのはだめでしょう」

「メフメト・シムシェキ財務相はクルド人。2年くらい前、記者会見でだれかがクルド語で質問した。彼はクルド語で答えた。90年代だったら絶対逮捕されている。誰も何も言わなかった。クルド問題は軟化している」

投獄されているのはPKK戦闘員

——公的な職に就けないのも不満ではないか。

「私が知っているたくさんのクルド人が政府の中にいる。警察官もいるし、軍も4割以上がクルド人。就職差別はそんなにないと思う。クルド人とトルコ人の区別は私たちもできない。ウクライナ人とロシア人との関係みたいに、顔を見ただけではわからない」

——日本のクルド人はトルコに帰ると弾圧されると主張しているが。

「そんなことはない。出たり入ったりしている。それは人権問題や移民問題の活動家が言っていること。日本から帰国、あるいは送還されたクルド人が、帰国後に迫害を受けたケースは聞いたことがない」

――日本クルド文化協会のワッカス・チョーラク事務局長（42歳）は、現在１万７００0人のクルド人が投獄されている、と主張している。

「２０１８年に１万79人のＰＫＫ活動家が投獄されているという法務省の報告はある。しかしその後、政府とＰＫＫとの紛争は大きく減少している。投獄されている数は減少しているだろう。１万７０００人のクルド人が投獄されていると主張するのは、あたかもその民族性ゆえに投獄しているとの印象を与えるが、そうではない」

「私はほとんどすべてが暴力行為を行った人やＰＫＫ戦闘員だと信じる。確かに、（クルド系野党『国民民主主義党』（ＨＤＰ）の元共同党首で、デモの扇動罪で禁固42年の判決を受け収監されている）セラハッティン・デミルタシュ氏など、政治犯と見なされる人たちがいることは否定しない。しかし、全員が政治犯と主張するならば事実の歪曲だ」

「今日ではＰＫＫへの支持や政府への批判を公然と発言しても、ほぼ投獄されない。つまり、トルコに問題があるのは全くその通りだが、それが普通のクルド人が難民の地位を得る根拠になるかというと、それは全くない」

トルコとの間を往復

5月27日〜6月3日、1週間のトルコでの取材だったが、民族、政治的立場、地域によって主張に大きな違いがあり興味深いものだった。同じクルド人でもトルコの体制に否定的な人から、体制の中で生きていこうとする人までさまざまである。

ただ、現在、クルド人が日本に来る最大の動機は、貧困から逃れ、よりよい生活を求めてである。査証なしで来られることが一つの背景となっている。政治的な活動によってトルコ当局から迫害を受け、日本に逃れてきたケースは、あるとしても少数である。日本とトルコの間を往復するかなりの数のクルド人がいるが、ほとんどが、帰国後に拘束されるなどの迫害の対象にはなっていない。ガズィアンテップ市周辺の村は、村ごとに民族、宗派がほぼ色分けされている。同じクルド人の村でも民族主義的な運動が盛んな村と、そうでない村があることも興味深かった。

また長期的な傾向で言えば、トルコ政府の政策はクルド人の権利を認める方向で進んでいるが、ＰＫＫについては依然として厳しい姿勢で臨んでいるし、警戒心は想定していたよりも強かった。

トルコの現状についての評価には異論がある。帰国した後にZｏｏｍで話を聞いたHDPの後継政党「人民平等民主党」（DEM）のエヴレン・チェヴィク報道官は、「クルド語の教師がいないなどの理由で、クルド語教育は実際には許されていない。また、クルド語の授業は教育省の役人に監視されている」と主張した。ただ、日本の難民認定については「政治的難民と、難民申請を濫用する人の2種類がある。もしトルコで検察官によって取り調べを受けたのなら、当人に渡されたそれを証明する文書があるはずだ。もしなければ、日本政府は難民申請を拒否する権利がある。クルド人の若者は国に残り、民主主義と自分の生活のための戦いを続けるべきだ」と述べた。

チョーラク日本クルド文化協会事務局長は「在日クルド人の中で62人はトルコで、反体制運動の宣伝活動などを理由に起訴されたりしている。ただ、政治には関係なく単に仕事をしたい人もいっぱいいる。トルコ人だがクルド人と偽り、難民申請している人もいる」と語った。チカン代表理事も「100人は帰国すれば、政治的な背景から拘束される可能性がある」と話す。

入管庁筋によると、「時々クルド人夫婦の仲が悪くなって、母親と子供だけがトルコに帰ってしまうことがある。しばらくすると仲直りしたからと日本にやってくる。実家と自宅を行ったり来たりという感じではないか。男性の場合は、空港でそのまま退去手続きに則って収容されてしまうことが多いので、一定期間、収容施設から出て来られない可能性がある。女性と子供はなかなか収容できないから、そのまま仮放免にせざるを得ない。だから子供連れというケースは多かった」

結婚相手を探しにトルコに帰り、結婚式を挙げた後、また日本に妻を連れて来た、という人もいた。

空港で入国管理をした入管庁筋によると、成田空港で多量の荷物を抱え、宝石を身にまとい、家族でやってくるクルド人と見られるトルコ国籍の人がいる。「本当に旅行で来日したのか」と疑われるが、入国を拒否することはできない。「親戚のおじさんが日本から帰ってきたら、最新式のスマートフォンを持っていた、だからやってきた、というクルド人の青年もいた」という。

少数ではあるが、難民申請を取り下げてトルコに帰り、用が終わってまた来日し、空港で上陸拒否されるにもかかわらず、また難民申請をして入国するクルド人もいる。

「こうした人たちは、空港でどうすればいいのか指示を受けている。ブローカーがいるのです」と入管庁筋は話す。

活動歴で帰国できないと主張

ただ、政治的な活動歴があるのでは、と思われるクルド人がいることも確かである。

2021年9月に川口市芝下の自宅アパートの部屋で話を聞いた、30歳代の解体業経営者Cさんもそうだった。

電話で約束した通り午後8時に訪問し、アパート2階のインターフォンを押すと、浅黒い顔のやや小柄なCさんがドアを開けた。玄関に続いてダイニングキッチンになっており、絨毯を敷いてあった。そこで床に座って家族で食事をするのだろう。妻の母親と紹介された女性が無表情に座っていた。

アパートは3階建て、1世帯2DK40平米で9世帯。そのうち4世帯がクルド人家族だった（家賃はネットで調べると6万～7万円くらいだった）。子供は幼稚園に通う長女と2歳次女の2人。次女は奥の部屋のベッドで寝ていた。このアパートに住んで7年たつが、近所との関係は問題ないという。居間にはソファやテレビが置かれていて、幼稚園に通う子供のお絵かきの作品が壁に貼られていた。Cさんは窓を開けながら「タバコを吸っていいか」と承諾を求めたうえで、ひっきりなしにタバコをふかしながら話を続けた。

Cさんは、クルド系野党・平和民主党（BDP）に関係した後、HDPの党員となり、当局に拘束されたことをきっかけに日本に来た。「私はトルコに帰ることができない人間」と言った。彼の日本語は不明瞭なところがあるが、確実に理解できたと思われる発言を要約すると、次のとおりである。

――私はガズィアンテップ市に近いカフラマンマラシュ市出身で、ハラン大学（南東部シャンルウルファ市）に行き、マーケティングを勉強した。父親が冷蔵庫、家具を売る店を持っていた。トルコに残っていてもそれなりに成功したと思うが、政府に反対すると難しい。

2009年12月5日、クルド人の合法的なデモに参加した。終わってから当局にIDを見せろと言われ拘束された。4日間、拘置所、7か月間、刑務所に収監され、ディヤルバクル裁判所で5、6回の公判があった。

自分の民族のためにがんばったらまた逮捕される。大学の先生も「旅行に行った方がいい」と。釈放後にオーストラリア、ドイツなどへ行くことも考えたが、3か月位ビザの審査に時間がかかる。日本との間では査証免除なので、手っ取り早く来られる。日本には姉といとこがすでに住んでいた。姉の夫は1、2年日本にいて難民申請を行い、仕事をした。一旦帰国して姉と結婚してからまた日本に来た。

10年8月に日本に来て、1、2週間以内に難民申請、5年かかったが在留特別許可となった。難民審査参与員（第2章）3人から話を聞かれ、捕まった時の書類を日本語に翻訳して持参した。参与員の意見は、難民として認める、書類は本物だがどちらでもいい、認められない、と分かれたが、結局、入管の判断として在留特別許可を認めると。どういう理由かは分からない。

日本の方がいい。生活はどこにいても何とかするが、日本は平和だ。平和というのは、心配がない、政治的な迫害を受けない、まじめにやっていれば問題ない状態。子供のためにもよい。痴漢をされたとか、日本でもなくはないが、少ない。届けを出せば警察もすぐ来るし、ちゃんと法律が動いている。

解体業の会社は、日本人と私と妻の父の3人の経営。アルバイトで10人くらいを雇用し儲かっている。もう5年くらいやっているが、まじめにやっていれば税務署などから話を聞かれることはない。

川口、蕨市のクルド人は、会社を持っている人、アルバイトの人、誰かに面倒を見てもらっている人などいろいろだ。在留資格を持っている人が持っていない人の面倒をみる。1万円、2万円でも金を貸してくれと言われれば貸す。しかし、在留資格を得て国民健康保険に入らないと、病気、けがの時に困る。70万〜80万円かかる。

トルコのヨーグルトを販売したらどうかと思ったが、解体業は続ける。それしかない。解体業は日本語ができなくても仕事を覚えるのは簡単。短期のビザしか持っていない人は解体がいいと思っている。しかし、私は他の仕事をしたい。解体は事故が怖い。パナソニック、富士通、コマツに関係した何か製造業につきたいが——


23年のネウロズに家族で来ていた彼には、新たに長男が生まれていた。24年のネウロズでも話を聞くと、長女は小学校に入学していた。一戸建ての家をローンで購入し、引っ越したとのことだった。

戦闘服のようなクルド人の民族衣装を着て、会場にある壇上にも立っていたので、チヨーラク、チカンさんと並びリーダー格で、民族主義的な信念が強い人なのだろう。

ただ、入管庁筋によると、Cさんと同様の難民申請理由はクルド人に多い。また、クルド人の場合、トルコ国内の事情を勘案して在留特別許可を出すケースはなく、あくまでも日本国内での定着性や人道的な配慮という。

政治的なクルド人

チョーラク事務局長も、政治的なクルド人である。

2020年5月、東京都渋谷区で、警察官が車を運転していたクルド人に職務質問をし、その際、首などを押えて取り押えた。そのクルド人はけがをしたと、東京地検に警察官に対する告訴状を提出した。抗議デモも渋谷署前などで行われた。また、渋谷署や東京入管局に対して、手りゅう弾を爆破させるなどという脅迫メールが届いた。

この報道に対して、日本クルド文化協会は「デモを支持しない。クルド人の行動は擁護できない。デモは在日クルド人への偏見を助長した」などと批判的な見解をSNSで公表した。このメッセージを読んで、私は「クルド人コミュニティーにも自民族の行為に対して、きちんと批判する人がいるのか」とびっくりした。そこでいつかチョーラクさんに話を聞きたいと思っていた。

21年7月9日、JR埼京線十条駅近くの、彼が経営するクルド料理レストラン「メソポタミア」で会った。

警察に取り押さえられたクルド人について「彼の父母はクルド人だが、自分自身をクルド人とは思っていない。クルドの集まりに出たことはないし、トルコ大使館と関係する人間だった。渋谷署に押し掛けたデモや脅迫メールは、日本人のクルド人に対するイメージを悪くするためのトルコの情報機関の工作」との見方を語った。

私はこの発言の真偽についてはわからない。ただ、彼が極めて政治的な発想をする人であることはわかった。

彼の祖父マハムード・サーレムは、ガズィアンテップ市近郊の村の村長であり、著名なクルド民族主義者で、35年前に殺害されたと言う。彼にはそうした民族主義者の血が流れているようだ。

協会はテロ組織支援者か

クルド人問題は複雑だが、1990年代、トルコ政府とPKKとの抗争が激化し、80年代半ばから2016年まで約4万人が死亡し、部分的には内戦ともいえる厳しい状況にあった歴史的な経緯がある。

トルコ政府が一方的にクルド人を弾圧したわけではなく、PKKのゲリラ活動は、軍事施設だけでなく、石油施設などのインフラ、観光客、学校などを標的にし、特に教育がクルド人の「トルコ人化」を促しているとの考えから、10年間で教師１２８人が殺害された（今井宏平『トルコ現代史　オスマン帝国崩壊からエルドアンの時代まで』中公新書、２０１７年）。

トルコ政府は23年12月、ヨーロッパ、オーストラリア、日本に拠点を置く62人の個人と20組織を、ＰＫＫへの資金提供を行ったとして「テロ組織支援者」に認定し、トルコ国内の資産凍結を行った。そのうち日本で認定されたのは、日本クルド文化協会などの組織と、同協会のチョーラク、チカン、前述のＣさんらクルド人６人だという（２０２３年12月５日付産経新聞電子版など）。

ネウロズでは、チョーラクさんは川口、蕨市のクルド人コミュニティーのリーダーとして壇上に上がり、盛んに参加者を鼓舞していた。23年のネウロズでは、ＰＫＫの分派組織「クルド民主統一党」（ＰＹＤ）の旗が壇上に掲げられていた。24年のネウロズではそうしたシンボルは抑えられていたが、ＰＫＫの旗を掲げている参加者もいた。その点について聞くと、彼は「ＰＫＫの支持を意味するのではなく、クルド民族のシンボルの意味」と正当化した。

日本政府もＰＫＫを、警察庁が公表している「国際テロリスト財産凍結法第４条及び

第6条に基づき指定等を行った国際テロリスト」、また財務省が公表している「現在実施中の外為法に基づく資産凍結等の措置」のリストに挙げ、「国際テロリスト」として資産凍結の対象としている。

もし、PKKの党員、同調者であることがはっきりすれば、日本としても監視対象にしなければならないし、場合によっては本国に送還することが求められるかもしれない。ただ、情報筋によると、日本の公安当局は、日本クルド文化協会や在日クルド人6人を監視対象にはしていない。エルドアン政権は権威主義的な傾向を強めており、日本政府としてはトルコ政府の姿勢にも完全には同調できないと思われる。

ドイツ移民難民庁を取材（第3章）した時に、ドイツはPKK活動家をどう処遇するのか、と聞いたところ、難民認定はしないが、迫害の可能性もある本国に送還することもしないとのことだった。

多文化共生に熱心な川口市長

川口市の奥ノ木信夫市長は、市内の外国人問題に関して、これまで2回、法相に事態の改善を求める要望書を手渡している。

1回目、2020年12月23日の上川陽子法相あて要望書は2項目からなり、市内に住む仮放免クルド人が就労を認められず困窮しているとして、就労を可能とする制度の創設と、健康保険などの行政サービスを仮放免者に提供することの可否について国の判断を求めた。

2回目は23年9月1日で、不法行為を行う外国人に対し強制送還など厳格に対処することなどを求める3項目からなる要望を斎藤健法相に行った。

川口市内のクルド人の犯罪、迷惑行為への批判が強くなってきたことを受けて、180度姿勢を転換したように見えるが、2回目の要望書の第2、第3項では、「仮放免者が、市中において最低限の生活維持ができるよう『監理措置』制度（第2章）と同様に、就労を可能とする制度を構築」することと、「生活維持が困難な仮放免者、および監理措置に付される者について、『入国管理』制度の一環として、健康保険やその他の行政サービスについて、国からの援助措置を含め、国の責任において適否を判断」することを求めている。

2回目の要望は、基本的に1回目の要望に「厳格な対処」を求める第1項を加えただけだった。しかも、要望書の原案ではこの第1項は第3項だった。現状でそうした陳情を行えば世論の強い反発を招く、と関係者が市長に進言した結果、1週間前に順番を入れ替えたという。

川口市の仮放免者だけを特別扱いすることはできないし、もし全国的に仮放免者の就労を認めろという趣旨ならば、難民申請を繰り返すなどの手段で不法残留する外国人の増加の誘因になる。10年に正規在留者が難民申請した場合、申請6か月後の就労を一律に認めたことが、申請者の急増につながった前例もある。

奥ノ木市長の多文化共生への甘い見通しも事態を悪化させている一因ではないか。

ようやく連携しだした関係機関

川口市で取材して残念なのは、関係当局の連携がほとんどとれていないように見えることだ。もっと相互に情報を交換し、協力して問題に対処できないのだろうか、と感じる。

2024年4月に運用が見直されるまでは、入管庁は仮放免者本人の同意がない限り、地元自治体に仮放免者の情報を提供しなかったし、市も個人情報保護を盾に、市が掌握している情報を他官庁に出したがらないという話も聞いた。

ようやく、事態改善に向けての動きも見られる。

22年7月、ヤードの設置に関しては市の許可制とする条例が施行された。この条例施行の影響で、新規設置は主に周辺自治体で行われるようになったため、周辺自治体も川口市の条例をモデルに条例策定を急いでいるという。

23年9月には、川口市、埼玉県警、入管庁、東京入管局などから20人が集まり、川口市で初顔合わせを行った。大野元裕知事、地元選出の新藤義孝衆院議員のイニシアチブによるもので、市の担当者によると、「県警国際捜査課は、一昨年、昨年と連携を申し込んでも見向きもしなかったが、コロッと態度を変えた」という。

警察によるパトロール、交通規制の強化も始まった。26年を目途に、市内3番目となる川口北警察署（仮称）の新設も進められている。

こうした対策をもう一歩進め、市、県、警察、入管庁に、労働基準監督署、税務署や、地元商工会、民間組織なども加え、定期的に連絡会議を開催してはどうだろうか。

不法残留者の送還を進めると同時に、外国人にはまず、日本の法律、規則を守った生活、仕事をしてもらい、違法行為は厳しく取り締まる。それを徹底できれば、川口、蕨市民の安全・安心は高まるし、日本の法秩序の下で日本に居るメリットがないと考えるのであれば、クルド人は自ずと帰国する道を選ぶだろう。

大原則は「外国人は日本人ではない」

外国人問題を考える上で、まず逃すことができない前提は、国籍を有している人（国民）とそうでない人（外国人）は、その法的地位に本質的な違いがあることである。ともすれば「同じ人間として」といった言い方で、日本在留の外国人に日本人と同等の権利を求める主張があるが、基本的人権は万人共通であるものの、本質的違いを前提に考えねばならない。日本国籍者＝日本人であり、当然の権利として日本にいることができる。国外追放はあり得ない。他方、外国人は日本政府の許可がなければ日本に在留することはできないし、日本にとって不利益になると判断された外国人は国外追放、つまり送還することができる。

こうした原則は1978年、最高裁判所の「マクリーン判決」によって確認されている。米国人語学教師が反戦運動への参加を理由に在留許可を不更新されたことに対して、処分取消の行政訴訟を提起したが、同判決では「国家は外国人を受け入れる義務を負うものではなく、特別の条約がない限り、外国人を自国内に受け入れるかどうか、また、これを受け入れる場合にいかなる条件を付するかを、当該国家が自由に決定することができる」との判断が下された。

日本人と外国人の違いが顕わになるのは、日本で大規模な災害、事故、戦争が起きた場合だろう。外国人であれば出国して本国に帰るか、安全な第三国に行くことに多くの場合躊躇はないし、当然の行動である。日本人でも国外脱出を図る人がいて、国際空港が混乱する事態は予想されるが、大多数の人は日本に留まり、災害、事故対応や国防に従事するだろう。その根底には理屈を超えた日本人としてのアイデンティティがあり、それを意識的に義務と受け取る人もいるだろう。

こうした事情は日本人が外国に在留する場合も同じである。事あるごとに「地球市民」を語る人は、こうした限界状況への想像力が欠けている。

難民受け入れは国家の判断

他方、難民受け入れは、理想的には人道主義に基づき、迫害されているあらゆる人に救いの手を差し伸べる、という原理で行うべきだろう。受け入れ国にとって「良い人材」でなくても、弱者こそ優先的に受け入れねばならない。クルド人の難民該当性を認め、これまでで唯一のクルド系トルコ国籍者の難民認定につながった札幌高裁判決（2022年5月20日）は「難民の保護が単なる恩恵ではなく、世界人権宣言等に謳われた普遍的権利に基づく人道上の要請として締約国に求められているとした」（新・判例解説Watch国際公法No.52、北村泰三中央大名誉教授の解説）。

前述のマクリーン判決に示されたように、出入国在留管理は国家の自由裁量にゆだねられるが、その例外として、難民認定は後述の難民条約・議定書に基づいて行われ、国家の自由裁量が排除される「羈束《きそく》行為」とされている。

それでも、「難民認定の方法については国内法による難民認定手続きに委ねられている」（同）し、難民条約も難民の受け入れを締約国に義務付けてはおらず、国の安全や公の秩序を理由とする場合は、難民認定された人でも追放の対象となる（黒木忠正、細川清『外事法・国籍法』ぎょうせい、1988年）。

「アメリカ・ファースト」などとことさら主張しなくても、国家は多かれ少なかれエゴイズムで行動する。国民の安全や繁栄を全く犠牲にして、人道を優先させることはない。

普遍的な人権は重要だが、その無条件の拡大を主張することには、無理がある。

ちなみに、一部に「日本はすでに移民国家」と事あるごとに喧伝する傾向があるが、世論を一定の方向に誘導する意図を感じる。要は「移民」をどう定義するかの問題だが、最初から日本への永住を前提に、就労制限を付けず、家族帯同も認めて受け入れる外国人を「移民」と定義するならば、その意味での移民制度を日本は取っていない。

約7万人の不法残留者

2000年代に入ってから大きな問題となってきたのが、送還忌避者と、難民認定申請者の増加である。

この2種類の外国人の増加は本来、違う次元の問題のはずだが、「送還停止効」という仕組みのために密接に結びついた問題となっている。送還停止効とは、正規の在留資格がなく、送還が決定しても、難民認定手続き中は、送還が一律に停止される仕組みで、難民申請を繰り返すことによって、在留資格を失っても長期残留する外国人が増えているのである。

外国人は仕事や身分に基づく資格を得て、一定期間日本に在留できる。この在留期間を過ぎても正規な更新手続きをしないまま、あるいは、更新を却下されても、日本に残留している外国人が「不法残留者」である。

2022年1月1日現在の不法残留者は6万6759人に達する。そのうち短期滞在（主に観光目的を理由に入国）から不法残留になる人が4万3266人と約65％を占める。このほかに、正規の入国手続きをせずに入国したり（不法入国）、「技能実習」の在留資格なのにコンビニで働いていたり（資格外活動）、不法残留で働いていたり（不法就労）、一年を超える懲役刑に処されたりした外国人なども送還の対象となりうる。

こうした入管法違反で「送還の理由がある」と思われる外国人が「入国警備官」（後述）などによって摘発されると、送還手続きに入る。まず、入国警備官が違反しているかどうか調査し、容疑がある場合、「収容令書」の発付を受けて収容する。「入国審査官」（後述）による審査を経て送還しなければならないことが決まると、「退去強制令書」が発付される。それは、日本からの退去が行政的に確定したことを意味する。

退去強制令書を発付された外国人は、速やかに送還しなければならないことが入管法に定められている。送還できなければ、原理的にはどんな外国人でも日本人と同様、無期限に在留できることになる。それでは、受け入れ国にとって利益となる外国人を受け

退去強制（送還）手続きの流れ

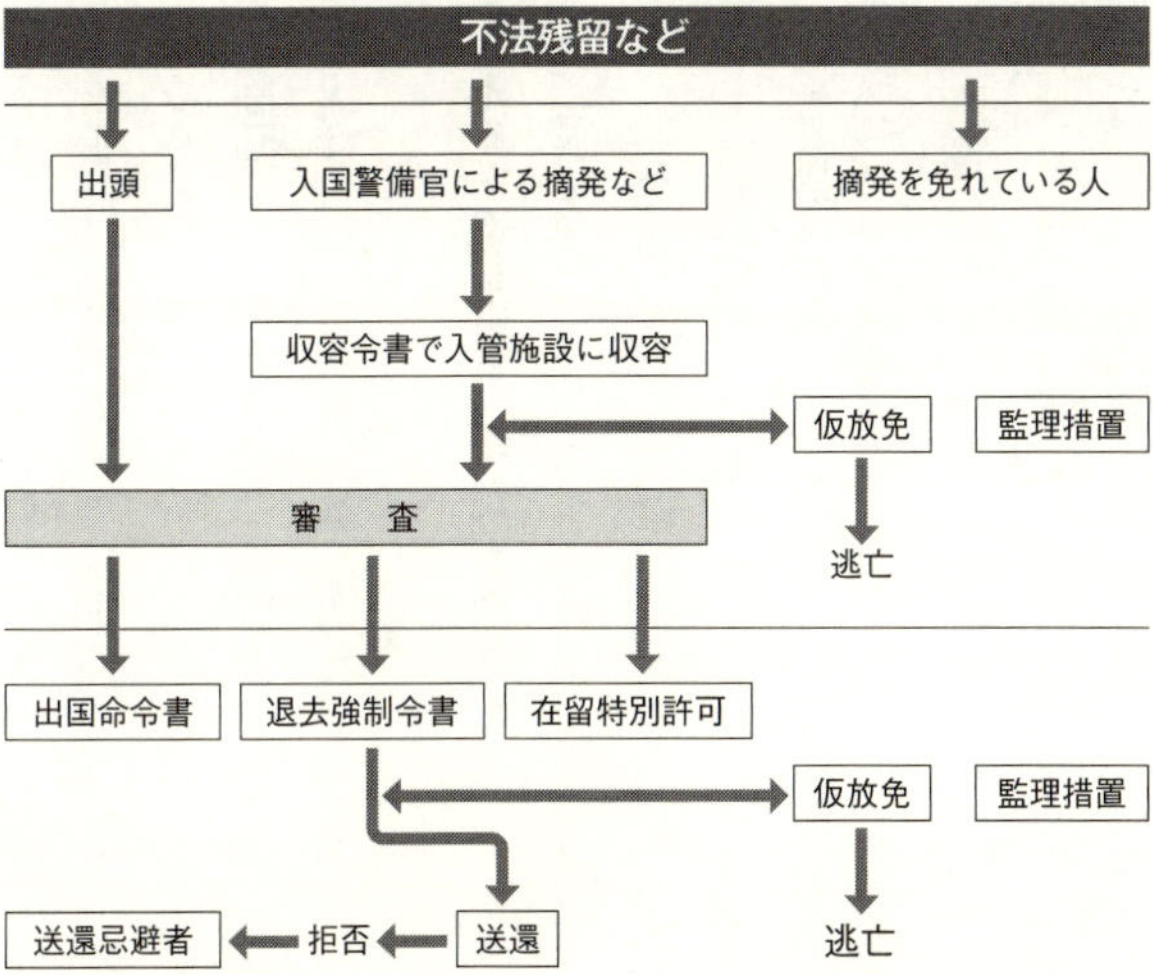

（入管庁編「出入国在留管理」を基に作成）

入れ、不利益になる外国人を国外に追い出す入管行政の根幹が機能しなくなってしまう（浅川晃広『知っておきたい入管法——増える外国人と共生できるか』平凡社、２０１９年）。

不法残留者のうち、入管法違反で送還手続きに入った人は22年中、９１３７人だった。不法残留者数との間に大きな開きがあるのは、個々のケースを追跡することは難しくあくまでも推定だが、摘発を免れて日本社会にいる人が６万人程度いるためだ。

退去強制令書の発付件数は、22年、５１３４件。これに加え、自ら出頭してきた人に対して出される「出国命令書」を発付されて帰国する外国人が３８８１人いた。さらに、日本人との婚姻関係、日本に生活基盤があるなどの理由で在留特別許可を付与されたのが１５２５人だった。

退去強制、出国命令、在留特別許可を合わせれば1万５４０人で、年をまたぐケースなどを考えれば、入管法違反事件の数とだいたい同数になる。

急増する送還忌避者と難民申請

送還忌避者とは、この退去強制令書が発付されながら、帰国を拒み残留する外国人である。収容令書では最長60日間、さらに退去強制令書が発付された時は、「送還可能のときまで」施設に収容される。２０２３年の入管法改正まで、送還手続き中、対象者全員を入管施設に収容するいわゆる「全件収容主義」（出国命令を受けた人を除く）を取っていた。

相当慎重な審査の後に、もはや日本にいることはできないと判断された外国人が素直に帰国すれば問題は起こらない。ところがその中の一部ではあるが、頑なに帰国しない人がいる。送還忌避者の数は、２０２０年末３１０３人、21年末３２２４人、22年末４

233人と増加している。21年末の送還忌避者のうち、難民申請中の人が1629人と約半分を占める。送還忌避者の増加に、難民申請が大きな役割を果たしていることがわかる。

難民認定制度について概観すると、日本が難民問題への対処を迫られたのは、1975年のベトナム戦争終結後のインドシナ3国（ベトナム・ラオス・カンボジア）からの難民大量流出がきっかけだった。難民救済への世論の高まりを受けて81年、「難民の地位に関する条約」（難民条約）と「難民の地位に関する議定書」（難民議定書）に加入（批准）した。82年1月1日から、出入国管理令を改正した出入国管理・難民認定法が施行された。

難民条約では難民の定義を、「①人種②宗教③国籍④特定の社会的集団の構成員⑤政治的意見——のいずれかの理由により迫害を受けるおそれがあるとの恐怖を抱き、その国籍国（出身国）の保護を受けることができずに、その国に帰ることができない人」と規定している。日本の法律もこの難民条約の規定によって難民を定義している。

日本で難民認定されたい人は入管庁に申請し、入国審査官の中から指定された「難民調査官」（2024年4月現在、全国で397人）が難民であるかどうか審査する。審査結果を導くまでの時間は長期化している。平均処理期間は最初の難民審査で26・6か月、難民不認定処分などに対する不服申し立てである審査請求には9・9か月かかっている(23年)。

長期的に見れば、難民申請は大幅に増えている＝グラフ＝。また、かなりの数の申請者が申請を繰り返し、その数も増加傾向にある。23年の「複数回申請者」は、2回目1313人、3回目250人、4回目82人、5回目10人、6回目6人の計1661人となっている。複数回申請者の増加と、送還忌避者の増加は重なり合っている。

第1章で触れたように、ほとんどのクルド人は、正規在留期間(3か月)内に難民申請し、2か月以内に入管庁による「振り分け」によって、「難民該当性を否定できない」カテゴリーDに分類される。すると数か月後に業種や就労時間に制限をつけない就労可の特定活動の在留資格が与えられる。その後、難民不認定になっても原則7日以内に審査請求をすれば在留資格は保持できる。

審査請求も不認定になった場合、2回目の難民申請後は、在留制限措置の対象となり、在留資格を失い不法残留となる。ただ、この場合も送還停止効が働き送還できない。また、裁判所に処分取り消しを求めることも可能で、こうした申請と裁判を繰り返すこと

日本の難民申請者数の推移

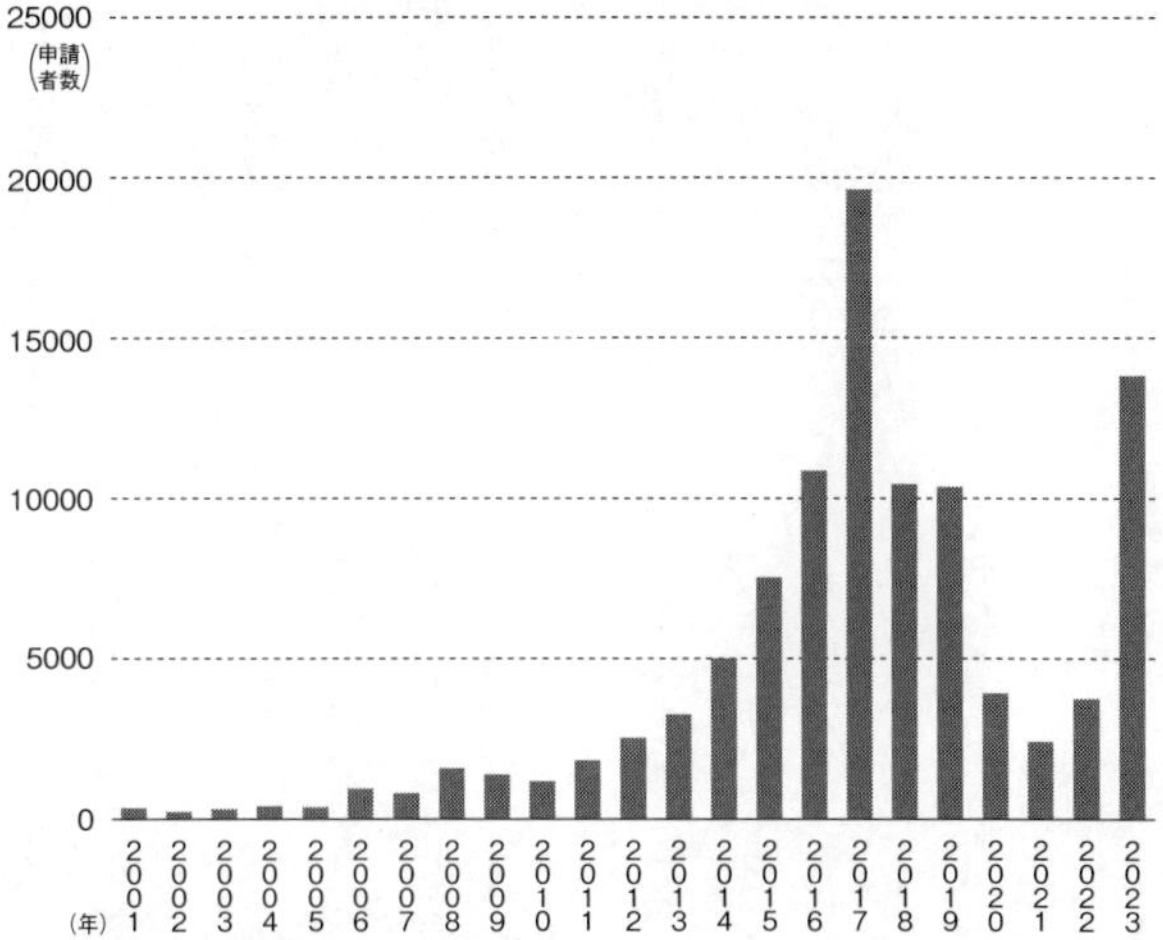

（出典：出入国在留管理庁）

で長期に残留しているケースがあることは、第１章のＢさんの例で見た。

送還忌避者の４割近くに犯罪歴

さらに深刻なのは、２０２２年末の送還忌避者４２３３人のうち４割近い１６２６人が、日本の刑事裁判で有罪判決を受けていることだ。そのうち、７年以上の実刑判決を受けた人は１０１人、懲役７年未満３年以上の実刑判決を受けた人は２３１人になる。罪種別に見ると、殺人、強盗致傷、強姦致傷、覚醒剤密輸などがある。

とりわけ重大な犯罪歴がある送還忌避者を収容施設から出すことは、多くの国民が納得しないだろう。しかし、本人が送還に同意しなければ、収容は必然的に長期になることから、収容の現状は人権上問題があるという批判が、２０００年代になって提起されることになった。

入管施設に収容されている外国人が、仮放免や処遇の改善を求めて、大規模な「拒食」（ハンガーストライキ）に訴える事態も09年から断続的に起こった。19年の拒食は大規模で、５月から拡大し、12月２日までに全国の入管施設で２２０人が拒食を行った。「大村入国管理センター」（長崎県大村市）では６月、40代のナイジェリア人男性が、拒食が原因で死亡した。

入管施設内での自殺、死亡事案も起きている。14年３月、東日本入国管理センターでカメルーン人男性が病死。18年４月、同センターでインド人男性が自殺。21年３月、名古屋入管局でスリランカ人女性が死亡（後述）、などがあり、政府の発表で07〜22年、全国の入管施設で17人が病気や自殺で亡くなっている。

ただ、全国の刑事施設（刑務所、拘置所、少年刑務所など）では自殺だけでも、10〜22年に１８４人が死亡している（特定非営利活動法人CrimeInfoのサイト）。全国の刑事施設の収容人員約５万人と母数が大きく違うこともあり、一概に比較はできないが、入管施設の状況が突出して悪いと言えるのかどうかはわからない。

言うまでもなく施設内での死亡事案は防がねばならない。長期収容は望ましいことではなく、仮放免制度を使わざるを得ないケースが増えてきた。

「仮放免」とは、入管施設への被収容者（以下、収容者）について、本人の請求または職権で、一時的に収容を停止し、身柄の拘束を仮に解く制度である。健康上の理由で治療が必要な場合や人道上の配慮で認められる。収容令書の段階の仮放免（収令仮放免）と、退去強制令書を発付後の仮放免（退令仮放免）がある。退令仮放免者の数は、19年の拒食の拡大や、20年からのコロナ禍で、施設内での感染拡大を防ぐために増加した。19年末2217人、20年末3061人、21年末には4174人になった。ただ、22年末はコロナ禍の収束傾向に伴い3391人に減少している。

仮放免は本人の在留が適法化されたわけではなく、身元保証人、300万円以下の保証金、居住地と移動の制限（居住する都道府県内）などが条件としてある。しかし、責任を果たさない身元保証人が多く、仮放免中の逃亡者が年々増加し、約1400人（22年末現在）に達している。原則として毎月1回、仮放免者に義務付けられている入管局への出頭を行わず、居場所がわからなくなった外国人である。20年、退令仮放免者89人が犯罪を起こして逮捕されている。薬物事犯が38件と一番多く、強盗致傷1件、粗暴犯（暴行、傷害、脅迫）16件、窃盗33件などだった。

申請を2回に制限した改正入管法成立

送還停止効は２００４年の入管法改正で、「難民審査参与員制度」「人道配慮による在留（特別）許可」「（難民申請を上陸から60日以内に行わねばならないとする）60日ルールの廃止」などとともに導入された。元入管庁幹部によれば、04年改正は不法残留に対する罰則強化も盛り込まれ、バランスを取る意味があった。小泉純一郎政権での政策だったが、当時はまだ難民の権利を広げようとする傾向があった。

しかし、次第に表面化する入管制度をめぐる問題の根底に、送還停止効の仕組みがあることが明らかになってきた。難民申請3回目以降は、難民と認定すべき「相当な理由がある資料」を提出しない限り送還停止効を適用しない、つまり事実上、難民申請は2回までに制限することで懸案の解決を図ったのが、23年6月の入管法改正の最大の柱だった。法案に沿って正確に言えば「送還停止効の例外規定」の創設である。3回目以降の申請者、3年以上の実刑前科者、テロリストについては送還停止効が効かなくなる、つまり送還することが可能となる。

その他、改正入管法の主な改正点は次のとおりである。

○自国民を受け取らない国（イランなど）の国民で送還を拒む人や、航空機内で暴れるなどして送還を妨げた人に対して、退去を命令する制度を創設する。従わない場合は、1年以下の懲役か20万円以下の罰金、もしくはその両方が科される罰則を設ける。自発的な帰国を促し、送還を妨害する行為を抑止する狙いがある。

○長期収容の問題を改善するために「監理措置」制度を導入する。送還手続き中の「全件収容主義」をやめ、監理人の監督下で就労しながら（退去強制令書が発付された後は就労不可）生活することを可能とする。

○在留特別許可を別途、申請することができるようにする。事情があって日本に留まりたい人で、これまでいわば手段として難民申請をしていた人は、在留特別許可を選ぶと見られ、難民申請者が減ることが期待される。

○難民条約の難民の定義には当てはまらないが、戦乱などを理由に国外に避難した人を難民に準じて保護するための「補完的保護」を創設する。ウクライナ避難民などが念頭にある。

なお、改正案の審議で、難民条約、入管法に定められている、迫害を受ける恐れのある国への不送還を定めた「ノン・ルフールマン原則」との整合性が問われたが、入管庁は同原則の適用に変化はないと説明している。

こうした点を盛り込んだ入管法の改正案は23年6月9日に参院本会議で成立した。ほぼ同内容の法案は21年2月に閣議決定され国会に提出されたが、この時は廃案になっている。同年3月、スリランカ人女性死亡事案が起きたため、法案への反対運動が高揚し、自民党は衆院法務委員会での審議を断念した。しかし、入管庁の現状への危機感は強く、同法案は骨子を変えず、2年後に再提出され成立した。24年6月10日までにすべての項目が施行された。

入国警備官の過酷な日常

入管行政で人権侵害が横行しているという「入管の闇」批判の主な対象は、送還手続きをする間、外国人を一時的に収容する2つの施設、東日本入国管理センター（定員700人）、大村入国管理センター（同708人）と、全国15か所の出入国在留管理局に付随した収容施設だろう。

これら施設内で看守業務を行うのが、「入国警備官」と言われる職種である。警察官や海上保安官と同じ公安職であり、階級がある。任務は看守のほかに、法律に違反した外国人を捕まえるための「摘発」、外国人の本国への「送還」がある。いずれも強制力を行使する仕事である。

収容者の証言によって「実態」が語られることがほとんどで、報道や関連の著作から「人権侵害」の実例を見つけることは容易だが、入管庁の資料からは違う光景が見える。

大阪入管局に収容された日系南米人Dさんが収容施設内で暴れたり、迷惑行為を繰り返し、それに対していかに入国警備官が対応したのかを記した報告書がある。「Dの特異動向」は、平成29年（2017年、以下西暦）8月19日から始まり、2020年4月6日まで、2年8か月弱の間、29回に及んでいる。入管職員が日々、いかに神経をすり減らして仕事をしているかが窺われる生々しい記述が続く。

「特異動向」の主なものを拾うと（表現は適宜修正している）――

○2017年8月19日　官給食の検品作業で異状がなかったバナナについて、傷んでいると称し交換を申し出た。

○9月4日　同室のペルー人と口論し、制止措置を受けていたが、その後の開放処遇中、職員の制止を振切り、再度口論するなどしたため、緊急隔離措置がとられた。
○10月3日　同室者の官給食内容の不備を他の者とともに訴え、職員に暴行、帰室を拒否するなどし、収容施設内が騒然となったことから非常召集となった。翌日は閉鎖処遇としたところ、大声で不満を述べ続けるなどしたため、10月5日まで閉鎖処遇とした。
○12月20日　他の収容者と共に官給食の不満を大声で述べ、局室扉を殴打、机をひっくり返し、椅子や官給食を投げつけるなどしたため、非常召集の上で隔離措置が執られた。隔離後も大暴れしたため第一種手錠を施された。
○18年5月10日　他の収容者と共に別の中国人収容者に対し、暴行を働き怪我をさせたので、隔離措置が執られた。
○6月17日　他の収容者が血液検査を求めたことを皮切りとして、本人を含む21人が集団で帰室拒否し、二つの居室に閉じこもったことから、非常召集が発令された。
○19年4月19日　ブラジル人収容者に唾を吐くなどしたため隔離措置が執られた。洗面台側面を蹴るなどしたほか、官給食用食器を損壊し、破片で自損行為に及ぶなどした。
○9月6日　便に出血が認められたため、外部病院連行を行ったところ、腸炎と診断された。

○20年４月６日　他の収容者の移室作業に対して、連れて来るな、と妨害したことから隔離措置が執られた。隔離中、トイレの仕切り板などを蹴る、頭をぶつけるなどの自損行為や、処方薬の過剰摂取などの行為があった。

立小便を繰り返す収容者

この中で特に２０１７年12月20日の暴れ方は激しく、Ｄさんは左上腕骨骨幹部骨折をしていると診断された。

「緊急隔離に伴う制圧状況等について」という12月21日付の報告書によると、彼は20日の昼の官給食への不満をきっかけに、大声で叫び、他の収容者と一緒に机、いすをひっくり返すなどの乱暴を働き隔離された。その後も、翌日の昼まで、職員の指示に抵抗し、扉をける、大声で叫ぶなどして10回以上にわたって職員の制圧を受けた。

詳細な報告書を全て紹介できないが「20日12時20分、突然背後に立っていた警備士長に飛びかかろうとしたため、長椅子の上でうつ伏せにして、戒具（後ろ手錠）を施した」「17時09分の夜の点呼を受けた頃から、当方職員に対する態度が不良となり、単独室への移室を拒否する、夕食を室内にまき散らす、そのまき散らした米飯を居室窓に塗りつける、お湯を要求し水飲み場に捨てる、何度もインターフォンを押して大声で叫ぶ、扉を蹴るなどエスカレートした」といった記述が続く。

さらに21日未明〜朝には、手錠をされたまま、扉の前で立小便することを繰り返した。これらの状況は、監視カメラ、ビデオカメラによる確認を経た上の報告書である。

Dさんのように施設内で暴れて、それを入管職員が多人数で押さえつける映像がしばしば流される。入管庁が公表したものではないが、裁判資料として提出されたものを弁護側が公表する。入管施設における人権侵害の最たる例として批判の対象となるが、入管庁の見解では、こうしたやり方は一見乱暴なようだが、警備官だけでなく収容者の安全にも配慮している。左右の腕、左右の足、頭をそれぞれ押さえ、もう一人全体を監督する警備官と少なくとも全部で6人がかりで抑圧する。そうでないと、警備官がけがをするばかりか、収容者も意図しないけがを負うからだ。

「弱者」としてのみ報じる全国紙

収容当時40歳代だったDさんは1991年、日系人に認められるようになった定住者の在留資格で来日したが、２００５年、窃盗、住居侵入などで懲役2年6月、執行猶予5年の判決を受けた。執行猶予期間中、07、08年に窃盗などを犯し、09年、窃盗容疑で逮捕された。08年以降不法残留状態となっていた。10年、東京地裁で住居侵入、窃盗で懲役3年の実刑判決、服役し、13年に出所したが、大阪入管局に収容された。そして20年5月に、恐らく健康上の理由から仮放免となった。

彼は仮放免後、がんを発症していることが明らかになり、治療のために在留資格を求めていることを、21年8月、ある全国紙が伝えている。記事によると、彼は仮放免のままだと国民健康保険に入れず、治療費が払えないため、親族や支援者は、国の対応は日本国憲法や国際人権諸条約に違反すると主張し、国に対し在留資格を求めている。

文書は、在留資格を求める根拠の一つとして、Dさんは日本に生活基盤があると強調しているが、入管庁はすでに出身国に両親などがおり、日本にいる内妻、子供とも逮捕後は連絡を取っていないことなどから送還するのが相当と判断していた。結局、入管庁は、内部でいろいろな議論はあったようだが、難病などの際に在留特別許可を認めるガイドラインがあることを踏襲し、彼の在留資格を認めた。

新聞記事では彼の犯罪歴や収容施設内での行為について全く触れていない。ある新聞社は人権に関する原則として、容疑や疑惑と密接に関連しているような特段の事情がない限り、前科・前歴は実名・匿名にかかわらず記載しない、と定めている。

この記事は、人権上の配慮から前科などについては触れなかったと一応は考えられる。しかし、彼を一方的に社会的弱者として扱うことには違和感を抱く。恐らく、記事の狙いは入管制度を批判することで、その目的にふさわしくない背景には、あえて触れなかった面もあるのではないか。

難民申請を繰り返しても認められないのは人権侵害であり、施設に長期収容され暴行を受けたなどとメディアを通じて訴える外国人がいるが、多くの場合、繰り返し不認定になり、仮放免が認められないのには理由がある。入管庁は個人情報を開示できないという理由で、事案の背景については説明しないが、外国人は難民不認定取消訴訟などを提起することも多く、裁判記録からかなりの情報を得られることがある。

入管庁による人権侵害の被害者として取り上げられる、あるスリランカ人男性の場合は、難民申請を3回行っているが、2回不認定となり、裁判でも不認定取消請求の控訴審で控訴棄却の判決が出されている。また入管庁側が当人に「過剰な暴力」をふるったなどとして、収容施設から釈放するように求める裁判でも、入管職員の「有形力の行使は必要かつ合理的な範囲内」と退けられている。男性は05年、強制わいせつ致傷で懲役4年の実刑判決、15年には仮放免中に強姦致傷で懲役6年の実刑判決を受けている。

同様にメディアによく登場するクルド人男性は、難民申請2回目の時点で不認定取消訴訟を起こしているが、「難民該当性なし」として棄却判決が出ている。在留特別許可を認めないという処分の取消を求めた訴訟でも敗訴しており、その際、暴行などで二度の有罪判決を受けていることを「重大な消極要素として考慮されるべき」だと指摘されている。

こうした前科に関する情報は、人権上、慎重な扱いが求められることはいうまでもない。ただ、報道に当たっては、明示的には記述できないにせよ、考慮すべき要素だろう。

「異常なし」と診断されると怒りだす

2020年2月、東日本入国管理センターを取材した。JR牛久駅からのバスの便は悪く、タクシーを拾い、宅地が混在する農地地帯を約20分走り、牛久法務総合庁舎に到着した。ここに入国管理センターと法務総合研修所牛久支所が入っている。牛久大仏まで2キロ弱の距離だが、人里離れた少し寂しいところだ。

コロナ禍が本格化する直前で、まだ施設内に入ることができ、収容者二人にもアクリル板越しに面会できた。来日や収容の経緯、収容施設内での生活、拒食が起きて間もなかったので、それに参加したのかどうか、といった点について聞いた。

一人は50歳代のパキスタン人男性Eさんだった。日本語は細かいところが不明瞭で、いつ不法残留者になったのかなど判然としなかったが、1986年に観光目的で来日し、塗装会社で働いたり、ケバブ屋台をやったりして生活してきた。塗装会社で働いているときに日本人と結婚したという。この女性との間の子供なのかはっきりしないのだが、20歳代の息子がいるが、音信不通と話した。2017年に自ら出頭して東京入管局に収容され、18年に入国管理センターに移った。拒食にも参加したが、心臓に問題があるし、入管庁ともめても意味がないので途中で抜けたと言う。

その後数日して、電話で話したEさんの日本人の妻は、彼には麻薬を使用した前歴があるが、子供を育ててもらい感謝しているなどと話した。日本人と結婚していれば、配偶者の在留資格が得られる可能性もあるが、不法残留者のままなのは、犯罪歴も影響しているのだろうか。

もう一人は30歳代のクルド系トルコ人Fさんで、「入管施設の非人道的扱い」を告発し続けており、メディアにもかなり頻繁に登場する人である。私との面会では、入国管理センター診療室発行の「診療情報提供書」や、倒れ込んだ際生じた傷を撮影した写真の束を渡し、いかに収容施設内でひどい目にあっているかをしきりに訴えた。診療情報提供書には傷病名欄に病名が、処方内容として投薬した薬名が記されていた。

面会が終わると、入所者が暮らす部屋、提供される食事などを取材した。診療室では、異常がないと診断されると怒りだす収容者がいるとの話を聞いた。仮放免の許可を得ようと、何か健康上に悪いところがあるという診断を受けたいからである。収容施設の医療の難しさを実感した。

入国管理センターでの取材から10日ほどして、Ｆさんの日本人の妻を名乗る人から私の携帯に電話がかかってきた。Ｆさんに名刺を渡したので、電話がかかってくることは不思議ではなかったが、「Ｆはあなたの取材のせいで自殺しました」と言われた時にはびっくりした。

「それはお気の毒だが、私がやったのは事実関係の確認など通常の取材です」と回答したが、内心気が気ではない。慌ててＳＮＳの情報を探ったが、もし本当であれば、それなりに大きなニュースになっているであろうに、そのような情報が流れた形跡はない。

事実彼はその後、仮放免され、支援者とともに活発に活動を続けている。「自殺未遂を図った」と言ったのだろうか。聞き間違いではなかったと思うが、一体あの電話は何だったのだろうと思い返すことがある。

刑務所から直接移送も

西日本を管轄する大村入国管理センターを取材したのは2023年1月のことである。大村湾に建設された長崎空港のほぼ対岸にある。前述したように定員は708人だが、私が取材した時は、収容者はわずか7人だった。22年の新規収容者35人、送還者24人、仮放免者4人で、17年には、それぞれ133人、89人、19人だったことから見れば、大幅な減少だった。拒食とコロナ禍で仮放免者を増やしたことと、センターに移送されてくる人が減ったためという。

私が訪れた時点では、収容者のほとんどが、刑期を終えそのまま刑務所から移されて来た送還忌避者だった。

「こうしたやり方は『予防拘禁』と言われるかもしれないが、凶悪な犯罪を起こした人を日本社会に放つことには世論が許さないだろう」とセンター職員は言った。

「入管庁の収容施設は行政の施設。あくまで送還まで留め置く施設であり、人権への配慮はもちろん、自由を与えねばならない、という中でやっている。刑務所から出所してここに収容された外国人は、厳しい生活から解放されて、ここまでやっても大丈夫だな、というふうに甘く見るようなところがある」

やむを得ない事情のある送還対象者しか収容していないが、逆に言うとなかなか手ごわい外国人を相手にしなければならないのだろう。

「入国警備官が担う看守業務は、例えば、収容者が寝ているのを見張らねばならないが、一見するところ起きているのか死んでいるのかわからない。寝返りを打っているのを見て生きているとわかるという具合で、常に緊張を迫られ、離職率も高い」

一般の日本人が出入国管理と聞いて思い浮かべるのは、空港でのパスポートコントロールではないか。それを担うのは入国審査官である。観光立国の推進などを受けて、入管庁職員は増員され、総職員数は03年２６９３人から23年６３１４人と２・３倍に増えた。ただ、増えたのはもっぱら、入国審査官であり（１２７２人から４０８５人）、入国警備官は１１０１人から１６５９人とさほど増員されていない。入管法改正で摘発や送還が強化されるのであれば、警備官の増員も図らねばならない。

スリランカ女性死亡事案の背景

2021年3月に名古屋入管局で起きたスリランカ人女性ウィシュマ・サンダマリさんの死亡事案は、前述のように、これがきっかけとなり、入管法改正案が一旦廃案になるなど大きな影響を与えた。

21年8月10日に「出入国在留管理庁調査チーム」が「令和3年3月6日の名古屋出入国在留管理局被収容者死亡事案に関する調査報告書」を公表した。この報告書を読む限り、入管局は、当時の報道にあったような人権無視の無慈悲な処遇に終始していたわけではないという印象を受ける。報告書は入管庁のサイトで容易に読むことができるが、私なりにこの事案のあまり報じられない点に焦点を当てたい。

まず、この報告書に沿って時系列的に、死亡事案が起きるまでをたどる。

○2017年6月29日　スリランカから入国。在留資格は「留学」、期間は1年3か月間で千葉県内の日本語学校に通う。

○12月ころ　アルバイト先で知り合ったスリランカ人男性と交際を始める。

○18年4月以降　静岡県内でこの男性と同居、自動車部品工場で働く。

○５月以降　学校を欠席。
○６月25日　所在不明で学校を除籍。
○９月以降　静岡県内の弁当工場で働く。
○９月21日　引き続き就労したいと考え難民申請。
○10月15日　申請に伴う「特定活動」への在留資格変更が認められる（在留期間２か月、就労不可）。
○12月13日　在留期間更新許可申請。
○19年１月22日　更新不許可の決定。在留資格を失い、帰国を理由に難民申請取り下げ。以降所在不明に。
○20年８月19日　静岡県内で交番に出頭、不法残留により現行犯逮捕。所持金１３５０円。「８月19日、恋人に家を追い出され、スリランカに帰りたいと警察に出頭した」と述べる。
○８月21日　退去強制令書の発付を受け、名古屋入管局の収容施設に収容される。
○21年３月６日　収容施設内で死亡（死亡当時33歳）。

入管庁筋は日本語学校から所在が分からなくなった時点で、行方を捜して摘発すべきだったが、それだけの余力はなかった、という。この時期に発見して送還につなげることができれば、単なる資格外活動の事案で終わり、悲劇は起きなかっただろう。

ウィシュマさんの収容開始から死亡まで7か月弱だが、この間に名古屋入管局が送還の努力を怠ったわけではない。本人が「本国の家族とは連絡がつかず、日本には友達もいない。恋人の家から追い出されたので、恋人の所在もわからない」と語ったため、入管局は自費での出国は無理で、国費での送還を目指した。

コロナ禍の最中だったことが災いした。定期便は就航しておらず、臨時便に搭乗させることを計画した。さらに帰国後の隔離施設（ホテル）代は前払いをしなければならず、国費負担の場合は請求書による後払いが一般的だったため、会計手続きの調整が必要だった。必要経費は約20万円に過ぎず、もっと融通を利かすことはできなかったのか、と入管庁筋は悔やむ。

さらに、在日スリランカ大使館に対する、スリランカ国内の無料施設や、家族の連絡先の調査依頼で手間取っているうちに、彼女は20年12月中旬頃、帰国を希望しない考えに変わった。

誇張を疑った女性看守

以下、体調を悪化させるまでの経緯をたどる。

○20年12月16日　支援者が面会し、その際、「日本で生活をしたいなら支援するので仮放免申請等を行ってはどうか」と助言した。

○12月中旬　ウィシュマさんは「日本で助けてくれる人が見つかったので、日本に住み続けたくなった」と述べた。

○12月21日　入国警備官に対し「日本で交際していたスリランカ人の恋人に殴られ続け、母や姉（実際は妹が２人で姉はいない）からは連絡が絶たれた」と話した。同棲していたこのスリランカ人男性によるＤＶ（ドメスティック・バイオレンス）の側面も問題となったが、それについて報告書では「男性は仮放免で日本にいて、帰国してもＤＶの被害にあうことは考えられない」との意見も記載されている。

○21年１月４日　支援者の助力で仮放免許可申請を行った。収容以来、複数回、嘔吐し悪寒を訴えることはあったが、数日内に回復した。

○１月中旬以降　食欲不振、胃痛、吐き気、しびれなどの体調不良を訴え、体調は徐々に悪化したように読み取れる。1月終わりからほぼ毎日、嘔吐を繰り返し検査をするが異常はない、といった記述が続く。

○2月5日　名古屋市内の総合病院の消化器内科を受診し、胃カメラ検査も受けたが、ほとんど所見は認められなかった。

○2月18日　入管局の庁内医師から、外部医療機関の精神科を受診した方がいいとの診断が行われ、3月4日の受診が決まった。

○2月下旬からは、食事やトイレに行く際、看守の介助が必要な状態になった。

○2月26日午前5時15分頃　ベッドから床に落ちた。入国警備官の看守勤務者（女性）2人がベッドに持ち上げようとしたができなかった。午前8時になれば他の職員も出勤するので、それまで待つように本人に言って、毛布を掛けて床に寝かせたままにした。

○3月4日　名古屋市内の精神科医による受診結果は「確定はできないが、病気になることで仮釈放してもらいたい、という動機から、詐病・身体化障害（いわゆるヒステリー）を生じた、ということも考えうる」「患者が仮釈放を望んで、心身の不調を呈しているなら、仮釈放してあげれば、良くなることが期待できる。患者のためを思えば、それが一番良いのだろうが、どうしたものであろうか？」などというものだった。

その後、約2日間、6日午後2時過ぎに、外部の病院に救急搬送されるまでの間のウィシュマさんの衰弱は著しいように読み取れるが、看守は精神科の薬のためと見ていた。

報告書によると、そもそも看守は、彼女が体調を崩してから、仮放免を得たいがための誇張ではないか、という疑いを払しょくできなかった。その理由について、支援者との面会をきっかけに帰国希望から在留希望に転じ、仮放免許可申請後から体調不良を訴えるようになった。このことから、仮放免許可に向けたアピールをしているのでは、と考える入国警備官がいた。彼女は官給食を食べないことがあった一方で、自費購入の炭酸飲料、菓子、果物、砂糖等は摂取していた——と記している。

もっと打つ手はあったのでは

入管庁筋は、

「仮放免を出すのは幹部という意識だったので、上司に仮放免が望ましいなどと訴えることができなかった。ベッドから落ちた彼女を持ち上げるのに、男性職員を呼ぶ意識がなかった。男性を入れてはいけないというマインドが出来上がっており、若い女性職員が相談する女性の上司もいなかった」

と組織上の風通しの悪さがあったと指摘する。早く仮放免にする選択肢を入管局も検討し始めていた。ただ、彼女の支援者は過去にも仮放免者の保証人となっているが、逃亡する者がかなりあり、入管局としては疑念を持っていた。

看守は彼女の健康管理に相当努力し、診療録を見ても、看護師、准看護師も随分丁寧に対応に当たっていたと読み取れる。外部の医療機関にも2度受診させている。ただ、特に、精神科診療後の最期の2日間の様子を読むと、私は医療従事者ではないので軽々には言えないが、もっと打つ手はあったのではないか、との印象を禁じ得ない。報告書も、危機意識の欠如や、医療体制、連絡体制に問題があったと指摘している。

この事案では、当時の名古屋入管局の局長、次長を訓告、警備監理官2人を厳重注意処分にしたほか、刑事、民事の両面で責任が問われた。名古屋地検は、殺人容疑などで告訴、告発された同局幹部を不起訴とし、検察審査会の不起訴不当との議決も退けて、2023年9月29日、不起訴（嫌疑なし）が確定した。遺族が起こした国家賠償請求訴訟は、まだ結審していない（24年12月現在）。

報告書には12項目の再発防止策が盛り込まれたが、その一つは、施設内の医療体制の強化である。悲劇を繰り返さないために必要だが、現場では建前には収まりきらない問題点も指摘されていた。

その一つは、収容施設の医師になかなかなり手がいないことだ。医療とは通常、病気が治りたいと考える患者と、治したいと考える医者が、協力し合って成立する営みといえる。つまり医者と患者は同じ方向を向いている。しかし、入管施設では、仮放免の許可を得るべく、体が悪いと診断されたい、いわば正反対を向いた患者も診察しなければならない。入管の点滴は受けない、薬は飲まないといった医療拒否も起こりうる。悪いところを治そうとする常識的な医療行為は成り立たない。暴言を受けることも後を絶たない、という。

「衰弱して車いすで移動するようになり仮放免にしたが、入国管理センターから離れたところまで行ったら、車いすを降りてすたすた歩いて行った」と話す入管庁筋もいる。

また、収容施設の医療費も相当な額に上っている。やや古いが、近年で収容者が多い年だった18年度は、２億８０５２万円だった。

死亡事案は正当化されないが、ドイツの場合、週刊誌「シュピーゲル」（電子版）が報じるところでは、１９９３～２０１９年、収容施設内で収容者94人が死亡（うち79人が自殺）している。

日本は本当に難民鎖国なのか

収容施設内での「人権侵害」と並び、繰り返される批判が日本の難民認定率の低さである。最新の２０２３年の数字を見ると、難民認定数を申請処理数で割った難民認定率は３・５％、保護率（難民＋補完的保護＋人道配慮の在留特別許可）15・５％となる。

詳しく数字を見れば、難民認定申請（1次審査）の処理数は８１８４人で、そのうち難民と認定した人２８９人、補完的保護を認めた人２人、人道配慮で在留特別許可にした人９７８人。難民不認定処分に不服があるとして審査請求を行った人に対する処理数は３４５９人で、そのうち難民認定者14人、人道配慮27人となっている。

1次審査で難民申請を取り下げる人がいるため、入管庁ではその数を引いた数を分母にする数を出している。すなわち、申請処理数８１８４人から取り下げした２８５０人を引くと５３３４人であり、それを母数とした場合、難民認定率５・４％、保護率23・８％となる。入管庁は、さらにウクライナ避難民３４４人を加えれば、広い意味で保護している人の割合は28・４％になるとしている。

難民申請者の国籍は87か国にわたり、上位5か国の国籍は、スリランカ、トルコ、パキスタン、インド、カンボジアである。

単純な比較はできないが、先進国の難民認定率（2021年）を比較すると、米国18・06%、英国56・56%、フランス15・65%、カナダ55・38%、オーストラリア13・53%、ドイツ21・38%となる（出典：ワールド・ビジョンのサイト、ドイツはドイツ連邦移民難民庁）。

佐々木聖子入管庁長官は、21年3月12日の参院予算委員会で、難民の認定率は「個別に判断された結果の積み重ね」であり、「大量の難民、避難民を生じさせる国との地理的要件など、各国それぞれに状況が異なっているので、難民認定率のみを比較することは適切ではない」と答弁している。

在留特別許可などを含めれば、日本はかなり多くの難民申請者を保護していることも確かで、その点はもっと強調されるべきだ。ただ、難民認定の実績を見れば、実数、割合とも先進国の中で少ないことは確かであり、その理由を探る意味はあるだろう。

決定的な役割を担う参与員制度

難民認定制度では、難民審査参与員制度が大きな役割を果たす。より公正・中立に難民の庇護（保護）を図るため、前述のように、2004年の入管法の改正に基づき導入された。

難民申請者は入管庁による不認定処分に不服の時、審査請求ができるが、この審査請求の審査では、難民審査参与員の意見が大きな比重を占める。法相は裁決をするに当たって、参与員の提出した意見を尊重することになっている。

参与員は、法律または国際情勢に関する学識経験者から任命される非常勤の国家公務員で、1班3人で審理を行う。

参与員が法相あてに提出する意見書は、班の3人の意見が同じであれば、一人が書いた意見書を連名とすることが多く、3人の中で別の意見がある場合は、個別に意見書を出すこともある。意見が分かれた場合、法相は多数派意見の方を尊重する。

参与員は24年1月31日現在、107人が任命されており、職業は元判事、元検事、弁護士、元外交官、大学教員、民間援助団体員、元メディア記者などである。

参与員の任命者は法相だが、外部の有識者からなる第三者機関の性格を持ち、申請者が司法の場に訴えない限り、難民認定における「最終審」ともいえる重要な制度である。難民認定率の低さを問題視するのであれば、この参与員制度に欠陥があることになる。仮に入管庁が、難民該当性がある申請者を不認定にしたとしても、参与員たちが覆せばいいからだ。

申請者に難民はほとんどいない

特定非営利活動法人「難民を助ける会」（１９７９年に「インドシナ難民を助ける会」として発足）の柳瀬房子名誉会長は、２０２１年４月21日、衆院法務委員会で参考人として発言した際、参与員として17年間に担当した審査は２０００件以上になるが、難民認定したのは６件にとどまると述べた上で、「分母である申請者の中に難民がほとんどいない」と発言した。また、３回以上の難民申請者で難民と認定したケースはなかったと述べた。

浅川晃広元名古屋大学講師（移民学）も23年５月25日、参院法務委員会で参考人として「私が審査したのは約３９００件。入管の結論と異なる（難民認定するとの）結論を出したことは１件しかなかった」と述べた。

柳瀬さんは衆院法務委員会での発言で、「難民がほとんどいない」根拠として、難民申請者は概ね次の5つの分類に当てはまるとした。

①入管庁の難民調査官に言った主張と、参与員に対する主張が全く違う。迫害の主体が警察だと言っていたのが、暴力団に変わったりする。

②他の人、特に同国人と全く同じ主張をする。ブローカーが用意した文書が出回っているとしか思えない。

③主張が真実ならば説明できることを説明できない。申請者がたどり着いたと言う「難民を助ける会」が支援する難民キャンプの様子について、実態とは全く違った説明をする。

④難民条約上の迫害とは違った内容を主張する。借金取りに殺される、不倫相手の夫または妻から殺される。日本で働きたいから難民申請をしたと明言する人もいる。

⑤難民申請を何度も繰り返している。

別の参与員も、次のような例を挙げた。

○整った申請書を提出するが、本人は読み書きができず、自分の申請書に何が書いてあるかわからない。

○他の同国人の申請と地名と固有名詞を変えただけの書類を提出する。
○書類に記載しながら、ある政党に反対したのか賛成したのか答えられない。
○認定されないことは本人がよくわかっているから、対面審査に出て来ずに、単に申請を提出してもう数年間、不法残留する方法をとる。

「私は難民ではないので早くやってください。今晩の仕込みに差し障るから」と口頭意見陳述（対面審査。申請者とのインタビュー）の場で平然と話す、日本で料理人をしているミャンマー人申請者もいた、という。こうした現状は、かなりの数の請求者にとって難民申請とは、日本にいるための単なる手段ではないかと思わせるものだ。

現行制度に否定的な参与員も

難民審査参与員が入管庁の決定を覆していない状況こそ、参与員制度の欠陥を示すものと見る人もいる。2023年の入管法改正の議論の中で、2年前の柳瀬さんの発言に対して、先入観を持ち、結論ありきで審査しているのではないか、との批判が、一部の参与員や政党、メディアによって行われた。

明治学院大学の阿部浩己教授（国際法）は、23年5月23日の参院法務委員会の参考人として「10年間で500件弱を審査し、40件弱について難民と認めるべきとの意見を提出した。（中略）申請者の中に難民がほとんどいないということも全くない」と述べた。本人の説明では、その過半数はトルコ国籍のクルド人のものだが、22年、難民不認定取消訴訟で国側が敗訴した後に難民認定された一例を除き、クルド人が難民認定されたケースはないことから、今の入管制度は「難民を難民と認定できない深刻な制度的問題が現状に宿っている」としている。

具体的にどのようなケースを難民認定すべきとしたのかはわからない。ただ、入管庁筋によると、阿部教授が加わった審査の場合、少なくともクルド系トルコ国籍者に関して、同じ班の他の参与員2人が、難民認定がふさわしいと意見したケースはないという。阿部教授の判断は、班の中で少数派だった。入管庁筋は、「班ごとの多数決ではないが、多数意見が重視されている。法相が多数意見に反する結論を出すことは、16年以降はない。3人の中には法律の実務家が1人入っている場合が多いので、これまでの前例を把握している」と述べた。

参与員の中には、現行の出入国管理制度に批判的な学識経験者も加わっている。しかし、入管庁の審査結果を覆して参与員が難民と認定したケースは、22年が15人（審査請求処理数のうち0・3％）、23年が14人（同0・4％）に過ぎない。ある入管庁筋は「認定率が問題ではなく、どのような属性の人が来ているかが問題。本来難民ではない人が来ていて、かつ難民申請しているのが実態だ」と話す。

私は7、8人の参与員と個人的に面識があるが、豊かな経験と良識を備えた人々である。こうした参与員が難民認定するケースはごく少数にとどまっていることを見ても、「申請者の中に難民はほとんどいない」は実態から離れているとは思えない。

書面審査への批判は妥当か

もう一つの批判は、審査の処理が一部の参与員に偏っており、処理数が多数になることから、審査がないがしろになっているのではないか、というものだった。特にその対象となったのは書面だけで審査する「臨時班」で、柳瀬さんや浅川さんも班員だった。

「臨時班」設置の背景には、2010年に就労を一律に認めたことによる難民申請者の増加がある（第1章）。処理が追い付かない状況が生まれたため、複数回申請で新たな主張がない申請者、対面審査を放棄した申請者を、書面審査だけで処理することとし、16年、それを担う参与員12人を「臨時班」（4班）として委嘱した。参与員は申請書、入管庁が行った供述調書、審査請求の申述書の3点の書類に加え、対面審査をもとに、難民該当性があるかどうかを判断するが、この対面審査を省いたのである。

この4班ある臨時班の処理数は21年に3915件に達し、一班当たり、つまり参与員一人当たり年間、だいたい1000件を処理することになった。一定の参与員に仕事が偏在していることは確かだが、物理的に処理が不可能なほどなのか。入管庁の意向を受けて判断を下す参与員に意図的に割り当てているのだろうか。

柳瀬さんによると、3人が集まる月2回の期日に1件目は対面審査を行い、残りは書面審査に振り向ける、という形で審査する。一期日に50件審査すれば、年間1000件にはなる。浅川さんも参考人としての発言の中で、10年間で審査した3900件のうち、対面審査が380件で残りは書面審査であり、多い時で年間1000件の書面審査を行った年もあったとしている。

入管庁筋は、臨時班について次のように説明する。

「特に16、17年に難民申請者が急増したが、対面審査の放棄書に名前を書いている人や、複数回の申請者でかつ新たな主張がない人がたくさんいた。放棄するのは、新たな言い分はないということ。借金苦を理由に難民請求をしてくる人は、対面審査を行わなくてもいいとの判断に問題はない」

「対面審査は1日、2、3件しか処理ができない。対面審査をしない案件はあらかじめ書面で検討し、3人がその結果を持ち寄って、迅速に処理していくやり方を取った。丁寧に見るべき事案の時間を確保するために必要と考えている。臨時班に割り振られた事案でも対面審査を実施することは可能だ」

臨時班に諮られる申請者をリストアップした書類を一瞥したことがあるが、対面審査放棄の記載がずらっと並んでいた。ほぼ難民認定される可能性のないカンボジア、インドなどからの申請者、技能実習生だったが不法残留となってから難民申請をした人も多い。こうした申請者がほとんどで、かつ事前に資料を読むことが可能であれば、年間1000件の審査も可能ではないか。

入管庁筋によると、柳瀬さんの班が不認定と判断した人が、その後裁判に訴えるケースもあったが、いずれも国側が勝訴している。

入管庁筋は「若干差は出るが、班ごとの負担が偏らないように割り振っているので、特定の参与員に依頼が行かないことはない。公正性の担保ができなくなってしまうほど偏っているわけではない」と話す。

なお、柳瀬さんは23年6月、「難民を助ける会」理事会の決定に基づき、それまでの名誉会長を退任した。同会によると、衆院法務委員会での2年前の発言が大きく報じられる中で、発言を問題視するスポンサーがいて、海外プロジェクトの存続に支障をきたす事態になったからという。

認定基準が厳しいのか

認定率が低い要因の一つとして、日本の難民認定基準、より正確に言えば難民審査での基準の適用が厳しいからではないか、という指摘もある。

入管庁筋や参与員に取材する限り、基準に違いがあるとすれば、難民申請者の国籍国の保護をどう見るか、迫害を具体的にどうとらえるか、といった点が大きいようだ。

ある大学教員の参与員は「難民条約にある難民の定義をどれだけ厳密に解釈するかという問題。日本はかなり厳密にやっているので認定率が低い。迫害を相当立証できないと認定されない。政治活動については、デモに行ったとか、現場のリーダー程度では認められない。また、国籍国の保護を受けることができない、という規定も厳密に解釈している。そのあたりがヨーロッパと違うかもしれない」と話す。

入管庁は2023年3月、難民認定基準をかなり細かく規定した「難民該当性判断の手引」を、また、「難民と認定した事例等について」という文書も公表している。「手引」では国籍国の保護の例として「旅券（パスポート）や各種証明書等の発給若しくは有効期間の延長を受けること」「本国領域への入国が許可されること」などを挙げている。

クルド人の中に在外投票で在日トルコ大使館を訪れたり、トルコの旅券を所持してトルコと行き来する人もいる（第1章）ことを考えると、多くのクルド人が国籍国の保護を受けていることは明白である。この条件をきちんと適用すれば、クルド人の多くには難民該当性がないと認定される。

差別をどの程度の比重で考えるかも一つの論点となるだろう。他の先進国は差別を迫害としてかなり踏み込んで認めていることが考えられる。「手引」でも、「人権の重大な侵害や差別的措置」も迫害を構成しうるとして、「それ自体は迫害に当たるとまでは言えなくても、それらの事情が組み合わさった結果として迫害になる場合がある」と規定しており、ある程度は幅のある解釈を可能としているようだ。

ただ、「手引」で迫害は、「抽象的な危険があるだけでは足りず、迫害を受ける現実的な危険があることが必要」と規定しており、一般的に差別を迫害と見なすことは難しい。入管庁筋は「国連難民高等弁務官事務所（UNHCR）は、差別であっても迫害に入れるように求めている。いわば難民認定が8合目のUNHCRと3合目の日本では考え方が合わない。UNHCRはほとんどが理想論で、理想のために何が犠牲になるかという発想がない」と話す。

先述の大学教員の参与員は2年間、月2人のペースで審査し、それまでに30〜40人を担当したが、難民該当性があるとの意見書を書いたことはなく、在留特別許可に該当すると意見した人が数人いたという。

審査の実態は「本当に自分が難民と思っている人はちゃんとした弁護士をつける。そうでない人はルーティーンで仕事をする弁護士。さらに可能性が低い人はつけない。自分で難民と思っていない人は対面審査にも来ない。難民認定にこだわらず、単に在留資格が得られればいいと考えている人も多い」という。

同参与員は、「難民認定率が低すぎる、と主張するアカデミズムの参与員もいるが、そういう人でも難民該当性があると意見したのは1割に過ぎない。ドイツ、フランスでも認定率は2割くらい。つまり、8、9割は箸にも棒にもかからない」とも述べた。仮に難民認定基準を緩くしても、認定される数が劇的に増えることはないと予想される。

有識者からなる参与員に、ほぼ同等の基準がおおむね共有されているのはなぜだろうか。入管庁から何らかの基準の提示があるのだろうか。この参与員は「そうしたことは少なくとも私は知らない。むしろ判断基準が蓄積されてそうなっている。その基準が参与員に共有されている」と話す。いわば判例の積み重ねが自ずと認定基準になっているという見方だった。

紛争国に囲まれた欧州との違い

ヨーロッパは、混乱が続く中東、北アフリカ、西アフリカ、ウクライナなど紛争地に囲まれている。第3章で取り上げるドイツへも、不法移民・難民の多くは密航業者の手引きにより、危険は伴うが海路や陸路でやってくる。

現在日本の周辺には国際紛争や内戦は起きておらず、北朝鮮という独裁国家はあるものの、移動の自由が著しく制限されているため、迫害や戦争を逃れて多くの人々が日本へ流入するような状況にない。

島国という地理環境で、現状では、日本での難民申請者のほぼすべてが、飛行機に乗ってやってくる。正規のパスポートを所持して国籍国を出国していることをもって、直ちに難民でないとは言えないが、着のみ着のままで近隣国に逃れる人々に比べて、難民該当者が少なくても不思議ではない。

日本も人道配慮で在留資格を与えている人を含めれば、相当な数の人々を保護している。第三国定住の枠を広げるなど努力の余地はあるが、日本が置かれた国際環境、地理的条件にかんがみれば、救うべき人はほぼ救っていると見てもいいのではないか。

仮に日本の難民認定基準が厳しいとしても、否定的にばかり評価する必要はない。治安の良さなどの利点を一般国民が享受していることは事実で、多くの国民の感情としては「真に救うべき人」を救うことを支持するのが精いっぱいだろう。

ヨーロッパ、ドイツの現状（第3章）を見れば、寛容な移民・難民受け入れ政策にも、自ずと限界があることは明らかだ。日本は、世界の動向を広く見渡しながら、主権国家として将来を見据えた選択をしようとしている、そう説明すれば良いのではないか。

日本はUNHCRに対する、かつては米国に次ぐ第2の拠出国だった。アジア諸国への開発援助を通じた経済発展への貢献は大きく、難民流出を防いできた面がある。また、1970年代後半のインドシナ難民の大量流出から2005年までに、入管法に基づく難民受け入れとは別枠の「インドシナ難民受け入れ事業」で、１万１３１９人の定住を認めた歴史もある。

今後、朝鮮半島、中国本土、台湾から庇護を求める人々が大挙して日本に押し寄せる事態が考えられないわけではない。その時は、日本が世界の難民問題の最前線に立ち、人道、人権への姿勢が問われることになるだろう。

第3章　移民規制に舵を切ったドイツ

「移民先進国」の苦悩

ヨーロッパは、日本よりもはるかに異民族の移動にさらされ、国境線の変更を伴った地域だが、主要国に関して言えば、長年の歴史的蓄積の上に、近代以降、かなりの一体性、継続性、領域性を持った国家を形成するに至った。もちろん万古不易の国民文化はあり得ないが、我々は一つのまとまりとして、ドイツ文化などヨーロッパのそれぞれの国のアイデンティティを語ることができる。従って、流入者は、既存の価値と体制が確立したところに外から参入する異邦人として認識される。

北米、南米、オーストラリア、ニュージーランドなどは、先住民の存在はあったが、ヨーロッパからの移民によって国家が組織され、その後も新しく入ってくる多様な移民たちの集積から国家を成り立たせてきた。こうした移民国家に比べれば、ヨーロッパ諸国は日本にとって、外国人問題に関して比較するに値する国々である。

ドイツの場合、労働力不足解消のため、１９５０年代半ばからガストアルバイター（ドイツ語でGastarbeiter＝客労働者）と呼ばれる外国人労働者を受け入れ、さらに何度かの不法移民・難民の波が押し寄せた。こうした流入者は、あくまでも異質な他者として、共生や統合（integration）を考えざるを得なかった。

現在の日本も、朝鮮半島出身者の問題が入管行政の中心ではなくなる一方、外国人労働者、難民の受け入れ問題が中心となっている。ドイツはその点ではるかに多くの経験を積んでおり、とりわけ取り上げる意味のある国である。

アンゲラ・メルケル政権（２００５～21年）が２０１５年に行った難民受け入れ政策が称賛されたように、ドイツの外国人政策は日本が倣うべきものとして取り上げられることが多い。しかし、テロの発生、治安の悪化、異文化摩擦、そして社会の分断という多くの負の結果ゆえに、ドイツの外国人政策は今、不法移民・難民の受け入れ制限、不法残留者の送還促進に舵を切っている。オラフ・ショルツ首相がウクライナ戦争をきっかけにした安全保障政策の転換をZeitenwende（時代の転換）という言葉で表現したが、メディアには、これをもじって、移民政策の転換を表すMigrationswendeという言葉も登場している。

難民審査の現場から

２０２３年11月にドイツの難民認定・支援機関「連邦移民難民庁」（ＢＡＭＦ）本部を訪れ、難民審査の様子を取材した。

移民難民庁は、ドイツ南部バイエルン州第2の都市ニュルンベルクに本部が設けられている。赤レンガ造りの本部建物は市街地南部、ナチが党大会を開いたことで有名な「帝国党大会会場」の隣の敷地にあり、もともとはナチ親衛隊（ＳＳ）兵舎だけあって、どこかいかつい雰囲気を持っている。11月22日、ヨヘン・ヘーヴェケンマイヤー報道官と報道担当職員2人、研修教官の計４人が取材に応じた。

日本では入管庁が出入国管理、難民審査、在留外国人の支援、不法残留者の摘発、送還など包括的な行政を担うのに対して、ドイツの移民難民庁の所管は、難民審査と移民の社会統合とかなり限定されている。出入国管理は連邦警察の管轄であり、収容施設、支援、送還は州、自治体、連邦警察の管轄である。

難民認定審査を行うのは、全国に50か所ある地方局であり、約８０００人の職員が働いている。ニュルンベルクの本部の職員数は１３００人ほどで、地方局の統括、政策の

ドイツ・ニュルンベルクにある「移民難民庁」本部

策定、職員の研修などを行っている。

23年、ヨーロッパは冷戦終結後の不法移民・難民流入の第3波に直面した（後述）が、難民申請者が増えたと言っても、15年～16年に100万人以上が流入した「難民危機」の時ほどではないのでは、との私の最初の質問に対し、報道官の答えは次のようだった。

「やはり現状は異常事態。年間25万人の申請は問題なく処理できる体制を取っているが、10月末にその数に達した。統合部門の人員に専門的な訓練を施して、難民調査官（ドイツ語でEntscheider＝決定者）にし、内部の配置を変更した」

面接は8時間に及ぶことも

近くの町にある地方局で難民審査の取材ができることになり、車で30分ほどのツィルンドルフに向かった。

まず、難民審査用の小部屋に入り、実際の様子を見た。女性調査官が、並んで座る難民申請者と通訳を前に「連邦庁にようこそ」と話しかける。新型コロナ流行時からのものだろう、透明な仕切りが設置されている。

私が取材した申請者は、事前に希望したわけではないのだが、クルド系トルコ人の男性（31歳）で、左耳にピアスをし、黒いシャツに白いジャージのラフな服装だった。通訳は知的な雰囲気のあるひげ面の男性で、おそらくトルコ系ドイツ人なのだろう。

職員は大きなコンピューターのディスプレイを見ながら、通訳を介して申請者に次々と質問をし、聞き取った内容を打ち込んでいく。

質問を列挙すると次のようになる。

結婚しているか。子供はいるか。両親の名前は何で、どこに住んでいるか。出身地はどこか。クルド人か。何年間学校に行ったか。仕事についているか。どのようにドイツに来たのか。出生、身分証明書、運転免許証などを所持しているか――

身元確認の基礎となるこれらの書類をコピーし、申請者は聞き取った内容が記載された書類に署名した。最後に名前、生年月日、次回の審査の日程などが記載された書類が手交され、1回目の審査は終わった。時間は約1時間かかった。

調査官が席を外した時にこっそり難民申請理由を聞くと、同性愛者なので迫害を受けている、ということだった。

その後、局長室で局長や報道担当職員とともにテーブルを囲んだ。

局長によると、難民審査では①身元確認②難民該当性の審査――の2回の面接が行われる。私が同席したのは1回目の面接だった。

「申請者はドイツに入国した時に、指紋、写真などは採取されており、その情報はすでに我々に報告されている。1回目の審査は純粋に身元確認。どうやってドイツに来たかを聞くが、なぜドイツに来たかは聞かない」

身元確認は実はかなり厄介だ。身元を証明する書類を、申請者の30～40％が所持していないからだ。

「国によって特徴がある。トルコ人はほとんど全員が書類を持っているが、60％が持っていない国もある。（迫害の対象になるなどして）もともと持っていなかったのか、なくしたのか、（シリア人と申告すれば認定率が高くなるなどの期待から他国出身者が）意図的に捨てたのかもわからないことが多い」

出身地の特定も重要だが、これも簡単ではないという。

「通訳に申請者の方言はどの地方のものか聞いたり、主張する出身地についてはグーグルマップを使い、モスクやサッカー場の名前は何かと聞いたりして（証言の信憑性《しんぴょうせい》を確かめて）いく」

「アラブ諸国の国境地帯出身の人について、例えば、シリア側かイラク側か、どちらから来たのか判断するのは難しい。方言が共通しているからだ。送還する場合にどの国に返すかという問題があり、申請者が何国人か決定しなければならない」

2回目の面接がいわば本番で、難民該当性があるかどうかを調べる。専門的な訓練を受けた難民調査官が包括的な質問を行い、長い時で8時間にも及ぶ。

クルド人の難民認定率は3・3％

ドイツの2023年の難民申請の処理数は26万1601人。そのうち、難民認定者は4万2525人、補完的保護などは9万2752人だった。難民認定率16・3％、保護率（難民認定＋補完的保護）は51・7％となる。

難民申請者が多い国順に見ると、①シリア：10万4561人②トルコ：6万2624人③アフガニスタン：5万3582人④イラク：1万2360人⑤イラン：1万206人⑥ジョージア：9399人⑦ロシア：9028人⑧ソマリア：5773人⑨エリトリア：4230人となる。

審査期間は平均7・6か月かかっている。

移民難民庁を取材した時点で、すでにトルコからの難民申請者が増加していた。

その理由としては①エルドアン大統領の強権政治②23年2月6日に発生した地震。地震保険を行政の腐敗のために失うなど再建への絶望感③70％のインフレといった経済状況の悪化——の3つが考えられる、という。

有力イスラム穏健派組織「ギュレン運動」が関与していたとされるクーデター未遂事件（2016年）があり、数年前は保護率が50％だった。ギュレン運動の支持者がトルコ政府によって迫害されていたのは確か、という。

23年1～10月の累計の難民申請数は、クルド系トルコ人3万8822人で、トルコ国籍の申請者4万6237人の84・0％を占めた。クルド系の処理数は1万5387人、そのうち、難民認定数509人、補完的保護数126人だった。難民認定率3・3%、保護率4・1%となる。

トルコ国籍者のほとんどの申請がクルド系によるものだが、報道官によると「クルド人の属性だけで難民には該当しない。集団の迫害はない。クルド人は、クルド独立運動に参加するなど政治的に活発に活動していなければ、迫害にあっているとはみなされない。現在クルド系トルコ人の保護率は低いが、そのことは、政治的理由で迫害されていることを説明できず、大半が経済的理由で来ていることを物語っている」と言う。

局長も「少数者として差別を受けていると主張するが、差別は難民に該当するほどの重要性を持たない。クルド人の場合は審査にそれほど時間はかからない。庇護の対象となるには、クルド系野党『国民民主主義党』(HDP)などの組織の一員であり、しかも迫害されたこと、少なくとも脅迫されていなければならないが、多くの場合そうではないからだ。多くが政治的迫害を受けていると主張するが、そうである人は少数だ。ここ数年は、ギュレン運動に参加して本当に迫害されている人はもはやほとんどいない」と説明した。

ドイツでも「クルド人＝難民」ではない

前章で述べた日本と、移民難民庁本部や地方局で見たドイツの難民認定の現状比較から、何が浮かび上がってくるだろうか。

ドイツの2023年の難民認定率16・3％、保護率51・7％とも日本よりも高いが、出身国によって大きな差がある。シリア出身者は認定率12・0％、保護率88・2％、アフガニスタンはそれぞれ35・1％、76・5％と、シリア人の認定率は意外と低いが、それでも大半がドイツで保護の対象になっている。他方、トルコ出身者はそれぞれ、12・0％、13・0％とさほど高いとは言えない。ジョージアはそれぞれ0・08％、0・3％とほぼ自動的に認められない国もある。

つまり、ドイツに来る難民申請者では、国内に様々な人種、宗教、政治的な迫害が横行し、戦乱状態にあるシリアやアフガニスタンから来る人の割合が高い。それが全体の認定率や保護率を押し上げている。

日本の場合、個別的な審査は必要だが、申請者が多い上位5国（第2章）は、一般的に難民を流出させる国ではない。必然的に濫用を疑われる申請者が多くなる。認定率の低さの一因と考えていいだろう。

ドイツの担当者の話を聞く限り、難民の定義は日本と同様、難民条約に基づいており、認定基準は日本に比して特段緩いということはないように見える。日本でこれまでに難民認定されたトルコ国籍者の総数は4人で、クルド人は1人だけである。前述したように、札幌高裁の難民不認定取消訴訟で、迫害の恐怖を抱くような具体的事情が存在すると認められるとして、クルド人側が勝訴したのを受けて22年、入管庁が難民認定した。23年認定の3人はクルド人ではなく、ギュレン運動の活動家であることを理由に難民認定された、日本在留トルコ人の大学教員などである。

日本の認定数が極めて少数であることは間違いないが、ドイツのクルド系トルコ人の難民認定者509人、認定率3・3%をどうとらえるのか評価は分かれるだろう。絶対数は日本よりもはるかに多いが、難民に寛容な国のイメージが強いドイツの認定率としては、意外と少ないとの印象もあるのではないか。

難民不認定取消訴訟に当たる行政裁判判決でも、クルド人という属性だけでは難民該当性に当たらない、つまりクルド人だからトルコで迫害されているとは言えない、と明示している。具体的な迫害の恐れがなければ難民認定しないという点でも違いはない。

入管庁の出身国情報に関する参考文献の一つである英国内務省「国別の政策と情報覚

え書き：クルド人、トルコ」（24年8月9日更新）も「一般的にクルド人が直面している差別は、その性格上、あるいは仮にそれが蓄積される形で繰り返されても、迫害や深刻な危害にはならない。そうでないことを示したいのであれば、それは申請者の責任である」と明記している。

それでも、日本とドイツのクルド系トルコ人の認定率に違いが出るのは、第2章で述べたように、個々のケースで難民条約の規定をどれだけ厳密に解釈しているか、という問題に加え、概して知的水準が高く、政治性を持つクルド人がドイツで難民請求をする傾向があるのかもしれない。HDP（後継のDEM）などクルド系政党のネットワークが、すでにドイツでは出来上がっていることも考えられる。

移民系が日常となった欧州世界

移民難民庁本部で見た難民申請者の急増は、ドイツが抱える外国人問題の一面に過ぎない。他の西欧諸国も同様だが、ドイツで暮らしてみれば、すでに移民系の人々が当たり前のように周囲にいる日常がある。移民社会は日本とは量的に違う次元に達している。

私のベルリンでの日常の暮らしを振り返ってみても、アパートの管理人（旧ユーゴスラビア人)、掃除担当の女性（同)、宅配便配達人（アフリカ系)、ロマの物乞い等々が思い浮かぶ。タクシー運転手もトルコ系、イラン系、ベトナム系等々、様々な出自の人がいた。

多くの都市で移民集住地区が形成されており、ベルリンではクロイツベルク、ノイケルンといった地区がトルコ人地区である。道行く女性の多くがスカーフをかぶっているし、通りに並ぶ店は、旅行代理店、床屋、衣料品店など、ほとんどが主にトルコ人相手のトルコ人経営の店である。都会だけでなく、地方の中小都市の公共機関を利用しても、乗客の多くが移民系だったこともある。移民系コミュニティーは、ドイツ全土に広がっている。２０１５年の難民受け入れ以降は多民族化が進んでおり、それまであまり目に付くことがなかったアラブ、アフガニスタン、アフリカ系も増えている。

ドイツの総人口（ドイツ人＋長期在留する外国人）は８３９０万人（23年）だが、このうち、移民系ではない「もともとのドイツ人」は５９００万人で総人口の70・３％、「移民の背景を持つ人」は２４９０万人で同29・７％である。「移民の背景を持つ人」（以下、移民系）とは、本人か、あるいは両親のうち少なくとも一人が、出生時にドイツ国籍を有しなかった人である。ほぼ３人に１人は、移民系となっている。

移民系と、ドイツ国籍の有無は別の問題である。移民系ではない人がドイツ国籍を有することは当然として、移民系の中でドイツ国籍を有する人は1240万人、国籍を有しない人（外国人）が1250万人と大体半々である。

移民系のカテゴリーで人口を分類するのは、単にドイツ人（国籍保有者）と外国人という区分だけだと、外国人問題の実態をうまく説明できないからである。この区分は、05年に正式に国勢調査の統計の項目となった。もし外国人人口だけを取り出せば、全人口の14・9％を占めるにすぎない。移民系に囲まれるようにしてドイツ社会で生活した時の実感からすれば、実態から相当乖離している。

ドイツ人口のうちトルコ人は22年末で149万人（ドイツ国籍を有する人を含めると約280万人）、ウクライナ人116万人、シリア人92万人などとなっている。イスラム教徒は500万〜550万人と推定され、5年前から100万人増加している。

いうまでもなく、こうした現状は、長い年月の蓄積による。移民系人口増大の経緯を振り返れば、日本が今直面する課題に何十年も前から対応を迫られていたことがわかる。

来たのは労働力ではなく人間

西ドイツ（東ドイツは事情が異なるが、ここでは触れない）へは第2次世界大戦後、東方領土から追放された人々（ドイツ語でVertriebene）が多数流入したが、彼らは民族的にはドイツ人だった。最初に直面した大規模な外国人の流入は、ガストアルバイターである。

戦後の高度経済成長期、労働力が不足した西ドイツは、1955年、イタリアと外国人労働者募集の政府間協定を結び、続いて、ギリシャ、スペイン、トルコ、モロッコ、ポルトガル、チュニジア、ユーゴスラビアと同様の協定を結んだ。

通常1年の在留期間で当初は農業や建設業での募集だったが、すぐに工場労働者としての就労が始まった。政府は一定の雇用期間で新たな労働者に交代させる「ローテーション原則」を適用しようとしたが、企業は毎度職業訓練を施すよりは、雇用契約を延長することを好んだ。60年代終わりには、「原則」は有名無実化し、家族を呼び寄せる者も多く、特にトルコ人は急速に増えていった。

73年、オイルショック後の景気後退に直面した政府はガストアルバイター募集を停止した。この時点までに計1400万人がドイツに入国したが、そのうち1100万～1

２００万人が帰国し、２６０万人がドイツ国内で働いていた。その後も雇用状況は改善せず、これら外国人労働者の帰国促進を目的に83年、支援金を与えて帰国を促す「外国人帰国支援法」が施行された。しかし、多くが母国の生活水準の低さからドイツに留まる道を選んだ。

２０１５年の難民危機までは、ドイツの外国人問題といえば、トルコ人問題だった。いったん外国人労働者を導入すると、かなりの部分が雇用側と被雇用側、双方の理由から帰国しない。単なる「労働力」だったはずの外国人は移民化していった。本国に帰っていくことが前提だったので統合政策は行われず、後になって「早期に『統合コース』（後述）を導入すべきだった」という教訓が重く語られることになった。

冷戦終結後の流入第１波

ドイツにおける難民流入の第１波は、１９９０年代の初めであり、冷戦終結とユーゴ紛争を引き金にソ連、東欧、バルカン諸国からの不法移民・難民が急増した。難民申請者は、87年５万７３７９人だったのが、92年43万８１９１人にまでなった。前後数年間で、約１００万人が難民申請した。ほとんどが、ルーマニアなどからの経済難民で、難民認定率は3・19％（93年）にまで低下した。

一般的に難民に庇護を与えるのはあくまでも「受け入れ国の権利」だが、ドイツは憲法（基本法）16条で庇護権を「個人の基本権」とするなど、難民救済に手厚い原理的立場をとっていた。圧政を逃れる政治亡命は個人の自由を保障するために重要という、ナチ・ドイツの経験から生まれた、いかにもドイツらしい規定だった。難民認定手続きが終了するまでドイツでの滞在、生活の権利があり、送還はできない。

申請者の急増に対して、この「個人の基本権としての庇護権」そのものを撤廃すべきという意見もあったが、ドイツ政府は93年6月、憲法を改正し、EU、難民条約加盟国、そして「安全な出身国」（迫害のない国）からの流入者には庇護権を適用しない、との新たな条件（憲法第16条a）を付すことで解決を図った。この結果、難民申請者は、93年の32万2599人から94年12万7210人に急減した。＝グラフ＝

流入者数はその後も減り続け、問題の中心は国内で移民化した外国人をどう扱うかに移っていった。

顕著になったのが、移民系が特定の地域に集住する「ゲットー化」「並行社会」という現象である。移民系集住地区の初等教育の現場では、児童生徒がほとんど移民系とな

ドイツの難民申請者数の推移

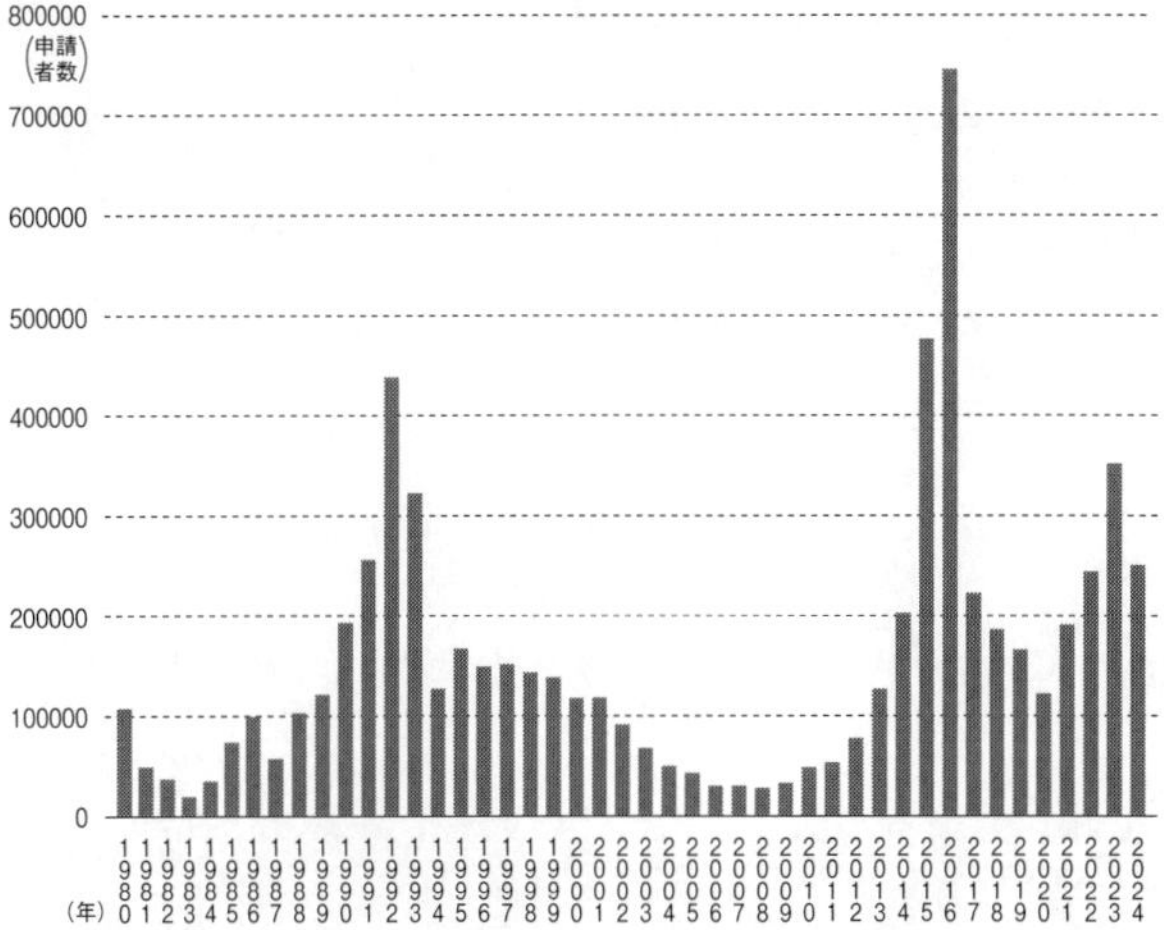

（出典：ドイツ連邦移民難民庁）

るため、ドイツ語習得の支障、校内暴力などで教育水準の低下は避けがたい。それを嫌う、もともとのドイツ人家庭が移民地区から転出し、住み分けが進んでいく。出生率の差もあり、移民地区は拡大する。トルコ系の元ガストアルバイターを中心に、第2、第3世代になってもドイツ語能力が十分でない現状、ドイツの人権基準に沿わない行動などが、解決すべき問題として強く意識されるようになった。

「移民国家」への転換を公約に

社会民主党（SPD）と「同盟90・緑の党」（以下、緑の党）の連立によるゲアハルト・シュレーダー政権（1998~2005年）は、「移民国家」への転換を旗印に、国籍における出生地主義の導入、二重国籍の容認、高度人材導入などの新たな外国人政策を打ち出した。そこには、世界に開かれたドイツ、多文化社会実現の意図とともに、少子高齢化にともなう労働力不足の解消を期待する経済界からの要請も働いていた。

1999年、国籍法を改正し、それまでの血統主義を残しながら、両親のうちどちらか一方が、8年以上ドイツに居住している外国人であるドイツ生まれの子供に、国籍を与えるという出生地主義の原理を導入した。

多くの議論が戦わされた中でも、左派と保守派が真っ向からぶつかったのは、二重国籍導入の是非に関してだった。

二重国籍推進の左派は、二重国籍を認めれば元の国籍を離脱することをためらっていた外国人も、ドイツ国籍を取得するようになる。帰化（国籍取得）の時点では希薄でも、長期的にはドイツ人としての意識を持つようになるだろう、と主張した。

これに対し保守派は、帰化は国民意識を持つための入口ではなく出口、つまり、統合の帰結として帰化があるべきであり、入口で国籍取得を認めると、他国の帰属意識を持つ「国民」を多数生んでしまい国家の分裂につながる、という意見だった。

この時は22歳までの国籍の選択制とすることで妥協を図った。

新たな労働力の受け入れに関しては、2000年、情報技術（IT）分野に優秀な人材を導入するための「グリーンカード制度」を導入し、EU外からの技術者に対して5年間の就労許可を与えた。2004年には移民法を成立させ、ドイツ語と、憲法に盛られたドイツの価値体系を教える「統合コース」の設立を決めるとともに、研究者や企業家など高度人材の受け入れを決めた。

こうした外国人政策は、中道保守のキリスト教民主・社会同盟（CDU・CSU）主導のメルケル政権でも受け継がれた。メルケル政権は、4期のうち3期はSPDとの連立であり、リベラル色が強かった。12年、非EU出身の大学卒業者を受け入れる「EUブルーカード」を導入し、さらに低技能移民受け入れへと移民の範囲を拡大していった。14年には主にトルコ系を念頭に、一定の要件を満たす場合、二重国籍の選択義務を無くした。

メルケル首相が引き寄せた「難民危機」

シュレーダー政権、第1次メルケル政権（2005～09年）、第2次メルケル政権（09～13年）と、流入者の状況は落ち着いていた。難民申請者数は08年、2万8018人にまで減少した。それ以降は増加に転じ、13年12万7023人とふたたび10万人を超えた。

そして、15～16年、流入者数は爆発的に増え、不法移民・難民流入の第2波、いわゆる難民危機が到来した。シリア内戦を逃れ、トルコから粗末なゴムボートで、10キロほど離れたレスボス島などギリシャ領の島々に到着したり、バルカン半島の国々を徒歩でEU圏に向かったりする人々の写真や映像が世界中に流れた。流入者の数は15年89万人、16年28万人で、それぞれ47万6649人、74万5545人が難民申請をした。出身国ではシリアをはじめ、イラク、アフガニスタンが大半を占めた。不法移民・難民の目指す先はドイツが一番多かったが、難民危機はEUの問題でもあった。EU全体では、14年の難民申請者56万人だったのが、15年126万人、16年120万人と急増した。

流入者の激増をもたらしたのは、難民を生む国の事情である「押し出し」（Push）要因と、受け入れ国の事情である「引き付け」（Pull）要因の両面があるだろう。

押し出し要因は「アラブの春」（2010～12年）といわれる大衆運動の高揚と、それに続く中東諸国の政治動乱、不安定化するアフガニスタン情勢、アフリカの貧困、人口過剰の問題がある。特にシリアでは様々な勢力が入り乱れ、大規模な内戦に発展した。

引き付け要因は、ＥＵ圏、特にドイツの高い経済や福祉水準が根底にあるが、最も影響を及ぼしたのは、15年９月５日のメルケル首相による「上限なし」難民受け入れ宣言である。メルケルは収容施設で、難民申請者といっしょににこやかに写真に納まり、それはＳＮＳでたちまち世界に拡散した。

メルケル首相の受け入れ決断は、立派な人道的措置という賞賛が寄せられる一方、ドイツ国内でもその直後から、有力政治家によって強い懸念が表明された。政権与党キリスト教社会同盟（ＣＳＵ）のホルスト・ゼーホーファー党首は「我々はこの間違いに長く取り組まねばならなくなる。ドイツは制御不可能な苦境に陥るだろう。一度はずした栓をもう一度瓶に戻すわけにはいかない」と強く批判した。

メルケル首相は表向き姿勢を変えなかったが、政府は難民流入の制限に着手した。法を改正し、「安全な出身国」としてアルバニア、コソボ、モンテネグロを追加した。16年３月18日、ＥＵとトルコの間で、トルコへの援助などと引き換えに、トルコからギリシャへの不法入国者は原則として送り返すことで合意した。最も効果を発揮したのが、このトルコとの協定で、ドイツでの難民申請者数は、17年22万2683人と激減した。

冷戦終結後の流入第3波

難民危機以降、しばらく落ち着いていたが、2023年、EU圏への流入が再び急増し、冷戦終結後の不法移民・難民流入の第3波となった。

アフリカ大陸から100キロ余、地中海に浮かぶイタリアのランペドゥーサ島に、不法移民・難民が多数到着していることは、日本でも広く報じられた。EU圏への流入ルートは、①ロシア、ベラルーシ→フィンランド、バルト3国、ポーランド→ドイツなど②モロッコ→ジブラルタル海峡を挟んだスペインの飛び地セウタ③トルコ→バルカン半島を北上――などいくつかあったが、欧州国境沿岸警備機関（Frontex）の統計によれば、ランペドゥーサ島を中心に地中海ルートが約半数を占め、前年同期比17％増。EU圏での23年の難民申請者数は114万人で、17年以来、最多となった。

地中海ルートで死亡、行方不明者となった人は、UNHCRの調べで4110人（23年）、15～23年の累計で2万8032人になる。不法越境を手助けする密航業者の暗躍、地中海を漂流する不法移民・難民を救助する非政府組織（NGO）の救助船の活動も関心を集めた。ドイツのNGOにはドイツ政府も資金援助していて、イタリア政府が非難している。

23年の国籍別の流入者は多い順に、シリア、モロッコ、国籍不明、セネガル、ギニア、コートジボワール、アフガニスタンの順になっている。増加の原因としては、中東アフリカ諸国の政情不安、コロナ禍鎮静化による人の移動の増大、ウクライナ戦争による穀物価格の高騰、気候変動などが指摘されている。

ドイツでの難民申請者数は20年、12万2170人にまで減少したが、23年は35万1915人になった。23年1～7月、ポーランドを経由してドイツに不法入国する人々が4割ほどを占めた。そのうち3分の2がベラルーシ経由で、ロシア、ベラルーシのビザを所有している。多くが中東、アフガニスタンから来ており、飛行機でトルコ、イラン、アラブ首長国連邦からロシア、ベラルーシに入国し、密航業者の手引きでポーランド、そしてドイツに不法入国する。ポーランド、ドイツ当局が国境管理を強化して流入数は減ったが、ロシア、ベラルーシがビザを発給しているところを見ても、両国がEUの混乱を狙って、意図的にEU圏に送り込んでいることは明らかだった。ポーランド当局は、不法移民を「武器」に「ハイブリッド戦争」を仕掛けていると見ていた。

ただ、流入者は長期的な問題である。中東、アフリカ諸国は人口が急増し、多くの若者が満足な職に就けない、いわば難民予備軍となっている。EU圏への流入圧力は、今後も続くと見なければならない。ベルリンで23年11月15〜17日に開催された国際会議「日独フォーラム」に出席したが、そこでのドイツ下院議員の発言にもその危機感は強く刻印されていた。

「エジプトは今日人口1億人、ナイジェリアは2億人だが、25年後にそれぞれ1億5000万人、3億5000万人となる。気候変動はアフリカ、中東の多くの部分を住めない地域にし、食料不足が戦争を引き起こす。この問題が向こう数十年、一層深刻化するだろう」

難航する不法残留者の送還

ここまで見てきたような、1950年代半ばからのガストアルバイターの導入、幾度かの難民流入などによって、生産年齢人口が確保されたことが、ドイツ経済の維持発展に寄与したことは否定できない。

すでに70年代から、「もともとのドイツ人」の人口は、死亡数が出生数を上回る自然減をし始めた。それでも東西ドイツ統一後、８０００万〜８４００万人の人口を維持しているのは、流入者がいたからである。もともとのドイツ人が減った分が移民系にそっくり入れ替わり、人口が維持されたといえる。

下院で移民系議員の割合は年々増えており、２０２１年末現在83人、議員総数の11・３％。州議会（16州）では１３６人、議員総数の７・２％にまでなった。シンクタンク「ベルテルスマン財団」の２０２０年の報告書によると、移民系の自営業者は、05年から18年にかけて36％増えて77万３０００社に達し、２２７万人の雇用を生んでいる。

近年、多様性の成果だとして評判になった例として、新型コロナワクチンを共同開発したバイオ企業「ビオンテック」創業者のトルコ系ドイツ人ウグル・サヒン、エズレム・テュレジ夫妻がいる。移民系の人材が受け入れ国と出身国との間の外交、経済関係、人的交流の橋渡しの役割を果たすことも期待できる。イラクのクルド自治区アルビルのニハド・コジャ市長は、ドイツへの難民であり、ドイツ語を流暢に話す。

ただ、前述のように、多くの移民・難民が、ドイツ社会に統合されていないところに、問題の難しさがある。

まず、本国に帰国しない不法残留者の問題が深刻である。日本が抱える問題と同様だが、ドイツはけた違いに多い。「出国義務のある人」、すなわち不法残留者は2023年8月末現在、26万1925人いる。

そのうち、5万1397人が、「すぐに送還しなければならない人」である。残りは残留を「受忍されている人」で21万5528人。この「受忍」（ドイツ語でDuldung、在留期間3、6か月）とは、正規の在留資格ではなく、原則としては帰国しなければならないが、書類不備、健康状態、家族との関係などで在留を認められている人々である。受忍するかどうかを決定するのは、州の担当部局である。日本の制度とは一対一では対応しないが、だいたい仮放免者といえる。

「出国義務のある人」の数は、15年末の約20万から年々増加し、22年末には30万を超えた。ただ、23年は送還を強化した結果、やや減少した。

23年の「すぐに送還しなければならない人」は前述のとおり約5万人だったが、1万6400人を送還したものの、対象者の約3分の2に当たる3万1330人は送還できなかった。対象者を発見できない、航空機に乗せた後、暴れたので機長から搭乗を拒否される、出身国が送還者の引き受けを拒否する――などが理由である。空港で集団で抵抗したため断念したり、教会の施設に立てこもる対象者を警察官が突入して拘束した、といった出来事がしばしば報じられる。さらに、不法入国をした上に難民申請もせずに、いわば地下にもぐってしまう人も20万～45万人いるとの推定もある。

日本の場合、送還された人は22年4795人で、不法残留者は6万6759人（22年1月1日現在）だから、送還できたのは約7・2％。ドイツは約6・3％なので、割合から見ればさほど差はない。

母国の対立が持ち込まれる

2023年、ドイツの犯罪件数は594万件で前年比5・5％の増加だったが、外国人による件数が17・8％と顕著な伸びを示した。24年4月6日、この統計が発表されると、ナンシー・フェーザー内相は「流入者が非常に増加しており統合は限界に達している。難民申請をしている外国人でも犯罪を起こせば迅速に送還せねばならない」と発言した。

24年3月20日、公共放送ARDが報じたノルトライン・ヴェストファーレン州（人口、経済規模がドイツ16州の中で最も大きい西部の州）の犯罪統計では、外国人の犯罪容疑者数（外国人法＝入管法違反を除く）は、21年全体の31・0％、22年32・8％、23年34・9％と徐々に割合が高くなっており、人口当たりではドイツ人の2倍の発生率になっている。

外国人による犯罪率が高いと指摘することはドイツではタブーだったが、状況悪化に伴い崩れつつある。もっとも同番組では、外国人には若い男性が多く、犯罪率が高いのは不思議ではないという識者のコメントも放送していた。

クルド、コソボ、ロシア、レバノン系などの一族による、強盗、麻薬、売春などの「部族犯罪」（ドイツ語でClankriminalität）も深刻である。一例を挙げれば、ドイツ東部ドレスデンの「緑の丸天井博物館」から19年11月、貴重な文化財が盗まれた事件では、アラブ系の窃盗団のメンバーが逮捕された。部族組織は、多額の現金輸送を狙う強盗事件もしばしば起こしている。

部族組織同士の抗争も激しく、23年6月にはドイツ西部エッセンで、レバノン系とシリア系の計80人が、レストランで乱闘事件を引き起こした。両者はすでにこの数年、抗争を繰り返していた。24年の夏から秋にかけて、西部ケルンなどで、誘拐やアパートに仕掛けられた爆弾が爆発する事件が相次いだ。麻薬取引を巡るモロッコ系を中心としたマフィア組織間の抗争とみられている。

ドイツと並び難民受け入れに最も積極的だったスウェーデンでは、部族間の射殺事件が相次ぎ、22年、対立抗争で60人以上、23年も50人以上が死亡した。これら部族組織はSNSを通じて刑事責任を問われない13、14歳の少年をリクルートしており、一般人の巻き添え死亡事件も起きている。国連報告によると、21年の銃による人口当たりの死者の割合は、ヨーロッパでは政情不安定なバルカン半島のアルバニアについで高い。治安のいい北欧の国のイメージとかけ離れた状態になってしまった。

出身国内や国家間の政治、民族対立もしばしばドイツに持ち込まれる。トルコのエルドアン大統領を支持するトルコ人と、反対するクルド人が、それぞれ数万人規模のデモを行い、衝突でけが人も出ている。

相次ぐイスラム原理主義テロ

2024年には、イスラム原理主義に基づくテロ事件が相次ぎ、それを直接のきっかけにして、ショルツ政権は流入制限と送還促進を本格化させた。ドイツの外国人政策は新たな節目を迎えている。

5月31日、南西部マンハイムで、アフガニスタン人の男(25歳)が、反イスラムを訴える右派団体の集会をナイフで襲い、警察官一人を刺殺、5人を負傷させ、現場で射殺された。この男は2013年、ドイツに来て、難民申請は却下されたが、未成年だったのでそのまま残留した。YouTube番組でイスラム原理主義思想に影響を受けたとみられる。

8月23日、西部ゾーリンゲンで、シリア人の男(26歳)が、市主催の祭りの会場をナイフで襲い、3人が死亡、5人が負傷した。シリア人は逮捕されたが、イスラム過激派組織「イスラム国」(IS)は、「襲撃はパレスチナ人のための復讐」などと訴える、この男が話しているとする映像を公開した。この男は、2022年にドイツに入国し難民申請をした。それ以前に難民申請をしていたブルガリアに送還される予定だったが、難民収容施設で発見できず、行方がわからなくなっていた。

9月5日にはミュンヘンで、ボスニア出身のオーストリア人の男(18歳)が、ナチ・ドイツに関する歴史資料館と、シナゴーグ(ユダヤ教礼拝所)に銃弾を撃ち込み、警察官との銃撃戦の末、射殺された。

ドイツでは、16年12月19日、ベルリンのクリスマス市にチュニジア人難民申請者が運転するトラックが突っ込み、12人が死亡したのが、それまでで最大の事件だった。同時期にイスラム国からの指示を受けていたと思われるテロ事件も起きたが、24年の一連のテロは、それにも劣らない衝撃をドイツ社会に与えた。

事件は連日トップニュースで報じられ、ヴァルター・シュタインマイヤー大統領が死亡した警察官の慰霊祭に出席し、ショルツ首相もゾーリンゲンの慰霊祭に出席した。ショルツ政権は、もう一段強硬な政策を取ることを余儀なくされた。

こうした渦中、9月に旧東ドイツのテューリンゲン、ザクセン、ブランデンブルクの3州で行われた各州議会選挙で、不法移民排斥を主張する右派ポピュリズム政党「ドイツのための選択肢」（ＡｆＤ）が躍進した。これも政権にとってショックだった。

テューリンゲン州の有権者を対象とした、ＡＲＤが報じた世論調査では、「何に懸念を抱くか」という質問に対して、「犯罪が将来大きく増える」が前回調査に比較して17ポイント増の81％、「ウクライナ戦争に引き込まれる」77％、「イスラムの影響力がドイツで強くなりすぎる」が21ポイント増の75％、「多すぎる外国人がドイツにやってくる」68％となっている。不法移民対策を急がなければ、ＡｆＤの伸長に歯止めをかけることができないことは明らかだった。

送還促進、流入制限に追い込まれた左派政権

２０２１年12月に発足したショルツ政権は、ＳＰＤ、緑の党、自由民主党（ＦＤＰ）の３党連立の左派リベラル政権だった。

本来ならば寛容な、受け入れ加速の政策をとるのが自然だろう。しかも、ドイツでは政治のあらゆる問題にナチ・ドイツによるユダヤ人大量殺戮（ホロコースト）の教訓が作用する。外国人犯罪を取り出して問題を指摘すれば、差別とか排外主義といった非難が巻き起こる。しかし、この左派リベラル政権が厳しい外国人政策を取らざるを得なかったところに問題の深刻さがあった。

不法移民・難民流入第３波を受けて、２０２４年２月27日、「送還改善法」が施行された。「送還収容」をこれまでの10日から28日に延ばし、当局が送還の準備を行うために十分な時間を確保し、逃亡を防止することを可能とした。ドイツの場合、身柄の拘束は刑法犯に限るという考え方が強かったが、改正により収容施設で被送還者の部屋以外にも警察官が立ち入ることも可能とした。現場職員がいかに送還にてこずっていたかが想像できる。

流入制限に関しても、それまでオーストリア、ポーランド、チェコ、スイスとの国境

で実施していた検問を、24年9月16日からは、一応6か月を期限に、ドイツに隣接するすべての国に拡大した。シェンゲン協定に基づき、圏内で国境管理をなくし、人、物の往来を自由化するのがEUの理念だが、棚上げもやむを得ないという判断が優先された。

連立与党はさらに、国境付近に送還を進めるための新たな施設を設置することを提案している。移民難民庁の職員を常駐させ、ダブリン規則（難民申請者が最初に到着したEU加盟国が難民申請手続きを担う）に照らして、難民申請手続きを担うべきEU加盟国に、速やかに送還する手続きを進める。

これに対し、CDU・CSUは、他のEU加盟国を通過してきた難民申請者を、国境管理に当たる連邦警察が入国させず、追い返すことを主張している。CDU幹部は「個人の基本権としての庇護権」の見直しにも言及した。今までは難民申請があれば受理せざるを得なかったが、個人の権利でなくなれば、受け入れ数の上限を決め、第三国定住の形で、社会的弱者を優先して直接受け入れることも可能となるという。

難民の犯罪を報じないメディアへの批判

外国人問題の影響は多面的で、時間は前後するが、2015年大みそかの集団女性暴行事件は、報道のあり方、ひいては戦後ドイツの「政治的正しさ」を見直すきっかけになった。

観光地として有名なケルン大聖堂周辺の広場が、大みそかの花火を打ち上げる若者などでごった返す中、女性が大勢の若い男たちに取り囲まれ、体を触られたり、財布を盗まれたりする事件が続発した。2人が強姦されたとの情報もある。2016年1月20日までの時点で、652件の被害届があり、容疑者の多くがアフリカ出身のアラブ系青年を中心とした難民申請者や不法残留者であることが明らかになった。

事件そのものの悪質性と並び、問題となったのは、警察の対応や報道の遅れである。シュピーゲル誌によると、すでに2016年1月1日午後にはSNSで、難民申請者などから性犯罪の被害に遭ったことを示唆する書き込みが広まっていた。しかし、地元警察は当初、大みそかの治安はおおむね平穏だった、と発表していた。記者会見を開いて事件の概要を発表したのは、4日午後になってからだった。警察は政治的に微妙という理由で、容疑者の身元を意図的に報告書に記載しなかった。

全国メディアが報道を始めたのも、ようやく4日の警察記者会見からで、公共放送ZDFは、同日午後7時からのニュース番組でも事件を取り上げなかった。ZDFには

「自分の政治的主張に適合するかどうかで記事を取捨選択するのは問題だ」などの抗議が殺到した。編集幹部は5日、「報道しなかったのは間違った判断だった」と謝罪した。

この事件を機に、ＡＲＤが報じる世論調査で、移民受け入れに対する肯定と否定の意見が逆転した。その後の調査では、受け入れ反対が、賛成を上回っている。最新の23年10月の調査では「移民は不利益をもたらす」が64％、「利益をもたらす」が27％だった。難民を積極的に受け入れるドイツは、ナチ・ドイツの過去を克服し、高い道徳性を持つに至ったのだ、とドイツ人自身が誇っていた。ドイツの「歓迎文化」（ドイツ語でWillkommenskultur）が人口に膾炙したが、この事件以降は鳴りを潜める。

右派政党拡大で進む政治の分断

外国人問題は政治の分断にも大きな影響を与えている。ヨーロッパの右派政党拡大の背景には、経済状況の悪化、長期化するウクライナ戦争、コロナ禍での陰謀論の蔓延などが考えられるが、主因は歯止めのない不法移民・難民増大への一般国民の怒りである。これまで内向するしかなかった、建前しか言わない既成政党、メディアへの不満が、急速に表面化してきた。情報空間をめぐる新たな状況にＳＮＳが果たしている役割も大きいだろう。

一方、既成政党、既成メディアとその言語空間に生きる人にとっては、これら右派政党支持者は、依然として偏狭な排外主義者、遅れた人々である。双方が排撃しあい、別々の言語空間に立てこもる負のスパイラルが生まれている。ドイツをはじめヨーロッパ政治の対立は、日本より先鋭的である。

ＡｆＤの支持者の一部は、メルケル政権時代、ＣＤＵがリベラル化したことに飽き足らない保守層だが、興味深いことに、左派政党も移民・難民問題を主因として分裂し、左派ポピュリズムともいうべき勢力が一定の支持を得るに至っている。

旧東ドイツ共産主義政党の流れをくむ「左派党」のザーラ・ヴァーゲンクネヒト元院内総務は２０２４年１月、新党「ザーラ・ヴァーゲンクネヒト同盟」（ＢＳＷ）を結成した。ＢＳＷは、左派的社会政策を維持しつつ「制御されていない移民に反対」と打ち出し、寛容な移民政策に不満な左派層の支持を得ている。

ＢＳＷは９月の旧東ドイツ３州で行われた州議会各選挙で、いずれも議席を得るのに必要な５％を上回って議会に進出し、政治の分極化が一層進んだ。しかも、ＡｆＤは、既成政党全てから協力や、ましてや連立の相手として、排除されているため、州でも連邦（国）でも多数派の形成がますます難しくなっており、政治の不安定化は必至となっている。

主導文化と多文化主義

戦後ドイツの外国人政策は、多文化主義の左派思想と経済合理思想とが手を組んで、その主導のもと進められてきたが、抵抗するアイデンティティ維持の保守思想が、時には歯止め、修正の役割を果たしてきたのが大きな構図である。

長い外国人受け入れの過程で、様々な理念的な議論が戦わされてきた。中でも根本的だったのは、外国人政策の大きな転換を図ったシュレーダー政権時代に戦わされた「主導文化」（ドイツ語で Leitkultur）対「多文化主義」（Multikulti）の論争である。主導文化は英語だと、leading culture だが、一つの国には固有の支配的な文化があり、そこに流入者を統合していくべき、という考え方である。ここでの文化は価値体系と言い換えることができるだろう。他方、ある国に固有の主導的な文化はあるべきではなく、あらゆる文化は等価であり併存しなければならない、とする多文化主義の考え方がある。

２０００年、野党だったＣＤＵ・ＣＳＵが、外国人をドイツの主導文化に適応させるため、新たな統合概念を考える必要があると問題提起した。これに対して緑の党などから、主導文化という考え方は「文化に優劣をつけるもの」といった反発の声が上がった。

議論の中で、リベラル派でSPD系の知識人テオ・ゾンマー「ツァイト」紙元社主が、「ドイツ的性格が失われることを心配する保守主義者」と「国境開放など多文化幻想を主張する緑の党」の両方の立場を克服しなければならないと述べ、「民主的基本価値と憲法国家への信奉、寛容の実行、共通の言語」が主導文化であり、移民がそれに統合されることを求める、と主張した。

時期は下るが、メルケル首相は2010年10月、「多文化主義の試みは失敗した。完全に失敗した」と述べ、また、16年8月には、「ドイツに長く住むトルコ系は、ドイツに対する高い忠誠心を育むことを期待する」とも発言している。ニュアンスの差はあるものの、中道右派（CDU・CSU）、中道左派（SPD）というドイツ政治の主流の中では、憲法に盛られた価値や制度を主導文化として、そこに流入者を統合しなければならないという考え方が、コンセンサスとなっていった。

ただ、主導文化の中身とされる、自由民主主義、基本的人権といった抽象的理念に人々を糾合するだけの力があるのか、という疑問はわく。情動に訴える象徴として国旗、国歌や、長年培った習俗、通念、歴史への一体感をどう考えるのか。ドイツではそこまで踏み込んだ議論は忌避されるが、先進主要国で統合を考えるときの根本的な問いだろう。

ドイツ人意識は育ったか

ドイツは1999年の国籍法改正で帰化（国籍取得）を容易にしたが、帰化する人の数は2000年、18万6672人と増えたものの、その後減少し、年間ずっと10万人程度だった。期待したほどではなかったと評価されたが、15年の難民危機後はシリア人の帰化が増えている。帰化数が増えるにつれて浮上したのが、これらの人々がドイツ人意識を持っているのだろうか、という問いである。

印象深いエピソードとして、トルコ系ガストアルバイター3世でサッカーのメスト・エジル選手が、2018年ワールドカップ（W杯）ロシア大会を前に、エルドアン大統領と記念写真を撮ったことが問題視された出来事がある。

前述のように、ドイツでは、エルドアン大統領は人権軽視の権威主義的政治家という見方が一般的である。この写真撮影は、政治家やドイツ・サッカー連盟会長などドイツ社会の主だった人から強く批判された。ドイツの左派的な考えでは、エジル選手の行動はドイツの基本的価値に反する。一方、右派的な考えでは、ドイツ人意識の有無を疑わせる。結局、大半のドイツ人の反発を買うことになった。

W杯でのエジル選手のプレーは無気力でドイツチームがグループリーグで敗退した一因になったと報じられた。彼はサッカー連盟や世論の反応に怒っていたのだろう、同年7月に、ドイツ代表チームを引退した。引退に際しSNSに「サッカー連盟会長にとって、私は試合に勝てばドイツ人、負けたときは移民。それは私がドイツ社会に受け入れられていないためだ。人種差別主義や無礼を感じているうちは、ドイツのためにこれ以上プレーしない」との声明を公表した。

エジル選手は、2010年には統合の見本と評価されて、メディア・グループ主催のドイツの伝統ある「バンビ賞」も受賞している。移民系の帰属意識は、ドイツ社会で生まれ育ち、表面的には完全に統合されたように見えても、出身国アイデンティティとの相克があることを示す象徴的なケースとなった。

ドイツに住むトルコ系対象の世論調査で「トルコはあなたにとって故郷に該当するか」との質問に83%が強い故郷意識があると答えている。サッカーのドイツ代表は14年大会で優勝し、エジル選手を始め移民系選手を多数擁していたため、多文化社会が豊かな成果を生み出す好例とされたが、事はそれほど単純ではない。

反ユダヤ主義を助長

近年イスラム教徒が急速に増え、ドイツのユダヤ系人口9万人に対し、イスラム系は500万〜550万人にまでなった。今後も続くだろうイスラム系の流入と出生率の違いにより、その差は一層拡大する。

イスラム主義組織ハマスによる2023年10月7日のテロ攻撃以降、ユダヤ系と支持者たち、イスラム系と左派系の政治団体がそれぞれ大規模なデモを行い、反ユダヤ主義を背景とした暴行や器物損壊なども起きている。大学構内でのパレスチナ支持活動に対して、ドイツ政府が反ユダヤ主義的として警告を発し、警察官が排除する事件も起きた。

反ユダヤ主義的な考えを持つ人の割合は、プロテスタントで5・2%、カトリックで7・1%なのに対し、イスラム教徒では40・5%というライプチヒ大学の調査がある。

反ユダヤ主義はこれまで、専らネオ・ナチや極右政党によって担われてきたが、今やイスラム系によるユダヤ系に対する暴力事件が深刻だ。

反ユダヤ主義は「ホロコーストを繰り返さない」というドイツ戦後倫理の中核と真っ向から対立する。その歴史認識は、ユダヤ人を絶対的な被害者とする認識を土台に組み立てられてきたが、イスラム系の増大がドイツ主流の歴史認識に修正を迫るかもしれない。

2024年3月15日付ドイツ公共放送MDR（電子版）によると、15年の難民危機の際、ドイツに移ってきた中東系の多くは、学校教育を母国で受けており、ホロコーストは「ユダヤ人が悪い人々であることの証明」という歴史認識を持っている。出身国では「国際シオニズムが世界の戦争を引き起こしている」といった陰謀論が蔓延し、アドルフ・ヒトラーの著書『我が闘争』がベストセラーとなったりする。

23年10月からのパレスチナ自治区ガザでの紛争は、歴史認識の相対化をさらに推し進めるきっかけを与えている。ホロコーストへの責任を盾に、半ば教条的にイスラエル支持を続けるドイツに対して、イスラエルによる作戦が多くの民間人犠牲者を生むにつれて、「なぜ、非人道的軍事作戦を支持するのか。イスラエルを支持するドイツはナチと同じ」といった批判がドイツ内外で高まっている。

イスラエルの政策に対する批判も、反ユダヤ主義と同一視しがちな硬直した姿勢を取ってきたが故に、イスラエルへの反発が強まるにつれて、反ユダヤ主義をタブー視してきた倫理や歴史認識への疑義も生まれかねない。

イスラム教への警戒心の高まり

親が決めた婚姻を拒否した女性を、親族が名誉を守るため殺害する「名誉殺人」が、しばしばドイツのメディアで大きく取り上げられるなど、先進国では受け入れられないイスラム教徒の価値や行動が問題となる。モスク建設への反対運動が各地で起き、モスクが流す礼拝の呼びかけが地域住民との摩擦を引き起こしている。

イスラム教への警戒はヨーロッパの言論の主要テーマで、関連書籍は枚挙にいとまがない。その一冊、米国在住で「フィナンシャル・タイムズ」などのコラムニストであるクリストファー・コールドウェルの『ヨーロッパでの革命の研究』（2010年）は、示唆に富む指摘をしている。

同書は「ヨーロッパには多民族国家が多数存在するが、大陸間の移民の移動がこれほどまでに行われたことはこれまでになかった。誰も積極的に選んだわけではないのに、世界文化のバザール（中東などの市場）になってしまった」と、移民・難民を受け入れた西欧各国が、民族併存の特別な段階に達したとの認識を述べる。

そして、米国のヒスパニック系移民が総じてプラスに働いたのに比べ、「半世紀前からやってきたイスラム教徒は違う。ヨーロッパの良い慣習、理念、構造を破壊した。多文化主義は自由を犠牲にすることを要求した」

さらにイスラム教徒は欧米諸国に「民族的な植民地（ethnic colonies）」を形成するようになり、イラク戦争（2003年）でイラク側に立って米英と戦った英国籍イスラム教徒に見られるように、国家よりもイスラム教に忠誠を誓う人も現れる。

こうした現象を指摘しながら、「普遍性のある（欧米の）世俗主義は概念としては壮大だが、イスラム教を制御するには不十分だ。非現世的なキリスト教会に対応するために作られた規則は、ネットワーク、サウジアラビアなどからの資金提供、敵味方の明確な区別など、イスラム教の持つある種の現世的なダイナミズムに対応できない」と書いて、西洋文明がイスラム教に席巻される懸念を示している。

ヨーロッパの将来への悲観論

さらに近年強まっているのが、ヨーロッパの将来に対する悲観論だ。

英国のジャーナリスト、ダグラス・マレーは、日本でも翻訳され反響を呼んだ著書『欧州の奇妙な死―移民、アイデンティティ、イスラム』（2017年）で、「難民、移民の大量流入で、ヨーロッパ文明は自殺の過程にあり、我々が生きている間にヨーロッパはヨーロッパでなくなるだろう」と書く。

彼によれば、その理由は二つある。

第1に大量の人々のヨーロッパへの移動である。元々、第2次世界大戦後の労働力不足を補うための外国人労働者の導入だったが、その移動を止めることが出来なくなった。ヨーロッパは世界中の人々の住む場所となり、パキスタン人の居住地区は英国でありながら、パキスタンとまったく同じになった。

ヨーロッパ人は何とかこうした状態が機能する道を探ろうとした。移民は普通のことであり、数世代経てば統合は実現するだろうとか、逆に、多文化主義の考え方に基づき、統合が実現しなくてもかまわない、と自分に言い聞かせた。しかし、結局は多数の外国人を受け入れた社会は機能しないというのが、難民危機後の結論である。

第2にヨーロッパが自分の伝統と正統性に確信を失ったことである。ヨーロッパ人は過去の罪（植民地支配や両世界大戦）にとらわれており、自分自身に自信が持てないという存在論的、文明的疲労に陥っている。ちょうどそのときに不法移民・難民の大量流入が起きた。

もし強く確信を持った文化であれば、大量の流入者にうまく対応できたかも知れない。かつてのヨーロッパのアイデンティティは哲学などに深い根があったが、今やその倫理として信じているのは、「敬意」「寛容」「多様性」といった価値である。「このような薄い自己規定で数年はやっていけるかも知れない。しかし社会が長期にわたって存続するために必要な深い忠誠心を生むことは出来ない。これがヨーロッパ文化が生き残れない一つの理由だ」とマレーは書いている。

第4章　理想論が揺るがす「国家の基盤」

入管法改正で送還は進むのか

改正入管法は、２０２４年6月10日に全面施行された。送還忌避者の解消が目的の一つであるからには、まず注目されるのは、具体的に送還をどのように進めるのか、実際にはかどるかどうか、である。

クルド人の場合、明らかに難民該当性がなく、不法残留、不法就労している多くのケースがある。数としてはそちらの方がはるかに多いのだから、まずそうした人々を迅速、確実に送還することが求められる。送還忌避者の数が少なくなれば、その分、人的資源、時間を、難民該当性があるかどうかの境界にいる人に対する丁寧な審査に振り向けることができる。

クルド人は、日本に血縁、地縁のネットワークがあるのと同様、地元トルコにも同じようにネットワークを残している。ほとんどの人が、送還されても新たな生活を始めるのにさほど障害がないと思われる。国民健康保険にも入れぬまま、劣悪な労働、生活環境に置かれ続けているよりも、長い目で見れば幸せだろう。

特に犯罪を起こした外国人を躊躇なく送還することを、多くの日本人が求めている。改正入管法では、3年以上の実刑判決に処された人は送還停止効の例外としたが、特に性犯罪を起こした人は、刑期を終えた後、日本にあえて留め置くべきではないだろう。

「子供在特」という特例措置

他方、川口市のクルド社会の現実を見ると、いわゆる定着性を考慮して、むげに送還できないケースがあることは理解できる。特に長く日本に在留した子供の場合である。日本政府や日本人が悪いわけではなく、不法残留を続けて来た保護者に責任があるが、子供たち自身に責任がないことも事実である。

改正入管法が成立した後の2023年8月4日、斎藤健法相は記者会見で、日本で生まれ育った在留資格のない外国人の子供に在留特別許可、いわゆる「子供在特」を与えると発表した。

対象は改正法施行時までに、日本で出生したが送還忌避者になっている子供で、22年

12月末現在、全国に２０１人いた。その子供を養育する家族にも就労可能な在留特別許可を与える。条件は、日本できちんと小中高の学校教育を受けていて、日本での生活を希望していることであり、親に「看過しがたい消極事情（不法入国した、薬物違反など反社会性の高い違反を犯した、懲役1年超の実刑をうけているなど）」がある場合は除く。

川口、蕨市在住のクルド人の子供についても、かなりの数が対象となっており、地元の支援者は、23年末から24年にかけて対象の子供たちの家に、学校の成績証明書を入管庁に持参することを求める通知が来たと言っていた。結局対象者は２１２人となり、24年9月27日、小泉龍司法相はこれらの子供たちに在留特別許可を与えたことを明らかにした。

入管庁筋は「在留が長期化している子供たちについて、（改正前の）入管法で迅速に送還できなかった不作為を考慮した。大きな転換があった時期なので、今回に限って家族一体として、在留許可を与える方向で検討する」と趣旨を説明した。

既成事実の追認であることは否定できないが、メリハリをつけて在留特別許可を与えるしかないのでは、と思われるケースも確かにある。ただ、これまでも入管庁は個々の事情に応じて在留特別許可を出すなど柔軟に対応してきたところがあり、一定の線を引くことをあえて公表する必要があったのかどうか。基準を明示化すると、幼児の時に来日した子供を救わないのは非人道的といった批判が起きることは必至だ。

子供在特を国民が甘受するには、2つの条件があるだろう。

第1にこれ以上の在留の既成事実化を許さないためにも、在留特別許可を与える条件について、「レッド・ライン」をきちんと引いて、一旦引いたからにはそれを厳守することである。幼児の時に来日した子供など、むやみに対象を拡大すべきではない。今回の子供在特はあくまでも例外措置としているので、それは貫いて欲しい。

第2に新たな流入者を防ぐ手段である。それなしには、子供在特が寛容な入管制度への転換と受け取られて引き付け要因となり、流入者増加の原因になってしまう。

困難さを増す送還の現場

2010年3月、ガーナ人男性(45歳)が入国警備官に付き添われ、強制送還のために飛行機に乗せられたが、機内で大声を出すなど抵抗したため猿轡をされ、両手足を縛られた。男性は機内で死亡し、遺族は損害賠償を求める裁判を起こした。最高裁まで争われ、国側が勝訴したものの、それ以降、力で制圧した送還はしにくくなっている。

また、審査請求の棄却通知の翌日にチャーター機で送還されたことは不当と、スリランカ人男性二人が損害賠償を求めた裁判で、名古屋高裁は21年1月、裁判を受ける権利を奪ったとして国側敗訴の判決を下した。また同様の判決が9月、東京高裁でもあった。それぞれ、棄却決定の通知から送還までの時間が極めて短く、難民不認定取消訴訟を起こす権利を実質的に奪っていると判断された。名古屋高裁の判決を受けて入管庁は、送還の際には通知後2か月以上の時間をおくように運用を見直した。

入管庁筋は「入管法では、退去強制令書が発付されたものは速やかに送還するとなっている。かつては空港に連れて行ってから告知することも実務的にはやっていた。それでも（審査請求棄却の通知前でも、あるいは送還後も提訴は可能なので）裁判を受ける権利は保証されているという判断があった」と言う。

また、送還のために航空機の定期便に乗せることができても、大声を上げて暴れ、機長から搭乗を拒否される場合もある。そうしたケースは16～22年、11件（10人）起きた。チャーター機の活用が効果的だが、一回の送還で１２００万～４０００万円掛かる。１人を送還するのに護送官が2人、指揮官もつくので、送還する人数の倍以上は護送官が必要だ。２０２０年3月までに8回チャーター機による送還を行ったが、1回当たり22

〜75人で、帰国先はフィリピン、タイ、スリランカ、バングラデシュ、ベトナム、アフガニスタンとなっている。これまでの送還先は全てアジア諸国であり、イラン、トルコはない。イランはそもそも送還の受け取りを拒否しているが、トルコの場合は、遠距離であり、直航便はトルコ航空しか就航していなかった事情がある。

日本の航空会社が就航していれば日本からの往復の航空機代で済むが、そうでない場合は送還先の国の航空会社からチャーターするため、機体は、日本に飛来↓送還↓護送官が日本に帰国↓送還先の国に帰る――と2往復する。護送官が定期便で帰るにしてもかなりの数の職員の航空運賃がかかる。

飛行機に乗せ護送に成功したとしても、入国警備官の負担は大きい。入管庁筋は「送還便の機内で放尿や脱糞して抵抗する人もいる。それでも護送官は隣で付き添わねばならない」と話す。

「家族送還」の難しさ

仮放免者には原則的に月1回、入管局への出頭が義務付けられているので、その際に、まずは地道に正攻法で帰国を説得するほかないのだろう。

ただ、最初に送還を進める対象は、クルド人にはならないようだ。入管庁筋によると、「クルド人の場合は子供が多く、家族の構成員それぞれの来日した時期が違う。在留中に子供が生まれるケースもあるし、難民申請の回数がバラバラだったりする。家族全員が一緒に入国しているのであれば、ちょうど2回目の申請が不認定ならば全員を送還できるが、家族まとめての送還は難しいことが多い」

「送還する時は一旦収容しなければならないが、家族の場合、子供を父母どちらの収容施設に入れるのか、児童相談所に預けるのか。父親だけ先に送還するのか、などを考えねばならない」

集団での抵抗も懸念される。これまで述べたように、クルド人は仲間を呼び寄せ、集団で圧力を加えるやり方をしばしばとる。２０１９年3月12日、東京入管局にクルド人や支援者が集まり、敷地内を一晩占拠したことがあった。同局の施設に収容されていたクルド人の具合が悪いと聞き、外部の人が救急車を2回呼んだ。入管局は医師の検診をもとに異常がないとして、2回ともその救急車を追い返した。非人道的な扱いだと、大勢のクルド人が入管局を取り囲み、寝袋を使うなどして敷地内で寝泊まりした。

入管庁筋は「難民申請が事実上2回までとなることが分かれば、難民認定は無理と分かっている人は申請をしなくなるのでは、と考えられる。他方、2回目までは送還されないから利用する、と考える人もいるかもしれない」と述べて、入管法改正が申請数の減少につながるかどうかはわからないと語った。

また、改正入管法に訴訟に関しては新しい措置は盛り込まれていない。

難民不認定の決定が覆った判決が大きく取り上げられるが、全体として見れば少数である。出入国在留管理にかかわる訴訟は、22年、154件の判決が下されたが、国側勝訴147件、敗訴7件だった。

それでも入管庁筋は「国会答弁では法解釈としては裁判中でも送還はできる、としているが、実際の運用としては送還していない。また、難民不認定取消訴訟と同時に執行停止が請求されると、送還できない」と述べ、訴訟提起後の送還は事実上難しいとの見方を示した。

イラン人残留減少が成功したわけは

クルド人と比較的似たケースが、1990年代初めのイラン人来日の波である。この時も査証免除を背景に、主に労働目的での来日だった。私も休日に上野恩賜公園（東京都台東区）に行ったときに、西郷隆盛像の前に多数のイラン人が集まっている光景を見た記憶がある。

来日者数は、急増して急減した。89年１万７０５０人だったのが、90年３万２１２５人、91年４万７９７６人。その後反転し、92年１万５４１５人、93年４３８９人となった。90年２万８７３人、91年１万５３８１人、92年６７９８人が出国している。

92年に、それまでのイランに対する査証免除を停止したことは、流入減に効果があった。当時のことを振り返って、ある元入管庁幹部は「まだ外国人も頑なではなく、送還すると言えばいうことを聞いた。景気のいい日本で十分稼げたから、国に帰って今度は欧米に行けばいいとか、選択肢がたくさんあった。自分で帰りたいといってくる人が多かった」と証言する。

ただ、その後、イラン人の送還は難しくなった。

「欧米諸国でイランに対する警戒心が高まり、入国、難民認定を厳しくしたから選択肢が制限された。その後、日本も景気が悪化したから、思ったほど金儲けができない。素直に帰国せず、もうちょっと稼いでから帰ろうという人が増えた」

イラン政府は、２０１７年ころから、送還対象者自身が帰国意思を表明しない限り、本人のパスポートは発給しないと主張するようになり、ますます送還が困難になった。ちなみに、トルコ政府も17年当時、同様に旅券発給を拒否していたが、その後発給に応じている。

イラン人のケースは、査証免除の停止が在留数の減少に効果があったことは参考になるが、時代的状況が違い、そのまま現在のクルド人に当てはめることは難しそうだ。

査証免除の停止が最善策

送還の促進と並行して、在留にふさわしくない外国人に対する入国制限も進めねばならない。2023年の難民申請者の総数は1万3823人で前年比3・66倍になった。日本国周辺の国際情勢が特段悪化しているわけではなく、この増加の仕方は異様である。長期の日本在留を意図する人々が、コロナ禍が収束して往来が自由になったことから大挙して来日しているのだろう。

空港の入国管理の現場も、送還の現場と同様に厳しい現実に直面している。入管庁筋によると、トルコ航空に乗ってくるトルコ国籍者の中には、ほぼ毎日、かつて退去強制令書を発付されて送還されたことのある人（送還後、5、10年間は再入国できない）など入管法第5条（上陸拒否事由）対象者がいるという。

「彼らはとにかく航空機に乗る。上陸許可はできない、いついつまでに飛行機に乗って帰りなさい、と退去命令を出すが従わない。そのまま送り返したいが、手続きを経ないと帰せない。別室に連れていくと、彼らは一時庇護のための上陸許可申請をする。それがだめでも、難民申請をする」

「空港には長期に収容する施設はないので、茨城県牛久の入国管理センターに移さざるを得ない。長期収容の問題を声高に訴え、仮放免許可を得る。場合によっては特定活動の在留資格がもらえる」

また、子供連れの入国者が多い。「子供の収容は慎重にならざるを得ない。それをうまく利用している。子供の面倒を見る人も収容できないから仮放免にしてしまう。苦労して送還しても、戻ってくるのは簡単。飛行機に乗ってしまえば我々の負け」という入管庁筋の言葉が真に迫ってくる。

川口市立医療センター前騒乱事件（第1章）のきっかけとなったけんかの当事者の一人で、トルコに一旦送還されたクルド人男性が24年5月、日本に再入国したこともあった。入管庁筋によると、暴れたため入国を認めざるを得ず、入管施設で拒食を行ったので仮放免し、川口市の親族の家に10日ほど滞在した。しかし、東京入管局に出頭させて、送還を告知し、また暴れたのを制圧してイスタンブール便に乗せたという。

トルコ国籍者であれば査証なしで来日できることがクルド人急増の大きな要因なのだから、流入数を抑える最も効果的な方法は、査証免除をやめることである。

ただ、トルコ政府も日本に対する査証免除を停止する対抗措置を取ることが予想され、政財界から反対の声が出るだろう。日本の査証免除のランキングは世界でもトップクラスで、ビザなしで行ける国が多いことを国家の威信の一つにしていることもある。査証免除の停止は、外交関係や経済的利益と天秤にかけて、という側面を持つことになる。

もっとも、24年5月、イスタンブールに行った際に当地の経済関係筋に聞いたところ、すでに日本人ビジネスマン対象の中長期のビザに関しては発給が厳しくなっている。トルコは観光が主要産業であり、仮に日本が一方的に査証免除を停止しても、観光のいわばお得意様である日本に対する査証免除停止は簡単にはできないだろう――ということだった。

ＥＵはトルコ人に対し査証の取得を課しているのだから、日本が突出して厳しい措置をとるわけではない。日本クルド文化協会も、査証免除の停止を要求している。現状のままではクルド人に対するイメージがますます悪化することを恐れているのだろう。入管庁はすでに、トルコとの間の査証免除停止を日本外務省に要請しているが、具体的な動きはないようだ。

事前に飛行機搭乗を防ぐシステム

次善の策としては、出入国管理における事前スクリーニングの強化がある。

これまでも、「事前旅客情報」（ＡＰＩ）や「事前予約記録」（ＰＮＲ）といった仕組みがあり、空港での入国手続きの迅速化に貢献していたが、それをもう一歩進める方策である。

ＡＰＩやＰＮＲとは、渡航先の国の入管当局が、航空機が到着する前に航空会社に対して乗客の記録を報告させ、当局が持つ情報と突き合わせて要注意人物をあぶりだし、各空港で効果的な水際対策を行う仕組みである。

ただ、要注意人物の搭乗までは防ぐことはできない。前述のように「乗ってしまったら入管庁の負け」なので、できれば出発国の空港で搭乗を防ぎたい。

そのための仕組みが「相互事前旅客情報システム」（ｉＡＰＩ）で、航空会社から事前に提供された搭乗予定者の情報を入管当局がブラックリストと照合し、判明した上陸拒否者のリストを航空会社に回答することで、航空会社が搭乗拒否することを可能とする。政府は2024年度にiAPIを試験的に導入する方針を掲げている。

また、米国の「電子渡航認証」(ESTA)を参考に、査証免除された外国人を対象に、入国目的や滞在先などをオンラインで申告させて事前審査する制度の導入も決めた。

これらの措置が導入されれば、クルド人問題解決に向けて効果を発揮するだろう。ただ、iAPI導入に消極的な航空会社もあるという。

ホッとする日本

クルド人問題が解決できないようでは、今後一層多様化する外国人問題への対処もおぼつかない。その意味でクルド人問題は一つの試金石だが、その先を考えれば、人の移動のグローバル化に対してどのような姿勢を取るかが、それぞれの国の行く末を最も深いところで決めるだろう。本書の最後に、私が考える外国人問題について取るべき基本姿勢を提示したい。

日本ほど国家、民族、言語、文化、歴史がほぼ重なり合い、真の意味で国民国家が成立している国は少ない。しかし、それぞれのレベルの間の摩擦がないだけに、それがごく当たり前の状態になってしまって、僥倖と思う感覚がない。一致しないことがむしろ世界の通例であって、それがもとで多くの不幸が生まれていることに想像が及ばない。

同質性は独創性が育たないとか、閉鎖的、排外的であるとか、克服すべき日本の欠点としてもっぱら取り上げられるが、もし負の結果しかもたらさないのであれば、日本が科学技術、芸術、産業などの分野で、ここまで人類に貢献することはあり得ないだろう。

外から見ても日本のように同質性が高い社会は、魅力にもなりうる。

ぎすぎすせずに対立を包摂する「ゆるさ」こそ、多くの観光客を引き付ける一つの要因である。海外から帰国すると、一神教的な原理が覆っている世界と、多神教的日本との社会の雰囲気の違いに改めて気づかされる。旧知のドイツ外交官も、日本に来ると、原理的な社会の対立が少なくホッとする、という話をしていた。「何でもあり」の特質は、逆説的だが、同質性が高い日本社会だからこそ可能なのである。

米国や、今のヨーロッパのような「人種のるつぼ、サラダボウル」になってしまっては、日本の魅力は逆に失われてしまう。

日本的寛容と、特定の立場を排除することは矛盾するようだが、日本的「ゆるさ」を否定する考え方や人々から、自覚的に日本特有の融通無碍を守る努力がなされなければならない。新たな流入者に担われた原理主義によって、日本のゆるさや、日本人の優しさに付け込まれ、押し切られる事態は避けたい。

やはりそのためには多元性や自由を守るための法秩序の維持が要となるだろう。日本では社会や人命は、出入国管理も含めた法秩序によって守られているという感覚が希薄である。とかく、順法と違法を截然と分けることに躊躇し、寛容を無原則と混同するだらしなさに陥りがちである。

湾岸戦争とか、ウクライナ戦争といった国際紛争における、一部の日本人の姿勢に似たところがある。明白な侵略には、軍事力行使を含め断固とした対応をしないと、国際秩序の根本が揺らぎ、ついには日本の安全、我々一人一人の安全が脅かされるという抽象的、論理的思考ができない。

西ドイツで、共産主義やナチズムを念頭に唱えられた「戦う民主主義」の考え方が参考になる。自由民主主義の基本的価値を守るためにこそ、それを否定する思想や行動に対しては、法的、政治的にその活動の「自由」を抑え込む姿勢である。

多数派が多数派に留まる意味

日本的多元性を維持する努力も、日本人という多数派と流入者という少数派がはっきりしているうちはまだ通用する。マジョリティーとマイノリティーの違いが縮まり、何が多数派か判然としなくなれば、手遅れになってしまう。その意味で、多数派が次第に曖昧になっていくヨーロッパの将来は、ディストピア（反理想郷）に近づいているのではないか。

フランスのシャルル・ドゴール元大統領は「黄色いフランス人、黒いフランス人、褐色のフランス人がいれば、それは素晴らしいことだ。その存在は、フランスがすべての人種に開かれ、普遍的使命を持つことを示す。ただし、その数がほんの少数に過ぎない場合に限られる。さもなければ、フランスはもうフランスでなくなる」との言葉を残しているという（福井義高『日本人が知らない最先端の世界史』祥伝社、2016年）。ドイツよりも大規模なテロが起き、たびたび移民系若者の暴動に揺れるフランスの現実は、その不吉な予言の的中を示しているようだ。

米欧の保守派に影響を与えたイスラエルの政治哲学者ヨラム・ハゾニーの著書『ナショナリズムの美徳』（2018年）でも、「唯一の、まとまりのある国民（民族）の圧倒的な支配こそが、自由な国の国内的な平和の唯一の基礎である。安定して自由な国家が存立するために必要なのは、その文化的支配が明確で疑問の余地のない多数派の国民がいることであり、そうした多数派への挑戦が無駄なことである」と指摘している。

日本の場合、人口減を埋め合わすためには向こう50年間に3000万人、単純計算で年間60万人の移民を受け入れる必要がある。これだけの数の移民を受け入れ安定した多数派を保てるかどうか。多くの日本人が本能的に受け入れに躊躇するのではないか。

少子高齢化社会、人口減社会の到来は必然と見て、覚悟を持って対応した制度作りを進めるしかない。外国人受け入れは生産年齢人口減少のショックを多少なりとも和らげる役割を果たすにすぎない。

歴史的に見れば、日本はユーラシア大陸の極東に位置する海洋国家として、大規模な異民族の侵略は免れてきた。その一方で、少数の高度な知識や技術を持つ流入者や、先進的な情報の受容は積極的に行うことで、国を豊かにしてきた。海洋がそれを可能とするフィルターの役割を果たした。日本の歴史的アイデンティティを踏まえれば、いわゆる高度人材を中心に、選択的な外国人受け入れが望ましい。それがごく最近まで基本的な外国人政策だったはずである。

グローバル化は不可逆的な歴史的傾向と言われたりもするが、間違っている。国家、つまり国民のはっきりした意思があれば、人の出入りを相当程度、管理することは可能である。異民族、異文化と地続きで接している多くの国に比べて、日本は今でもそれを可能とする地理的条件がある。

人道とのバランスを図らねばならないが、受け入れ数は日本の価値体系、制度に統合していくことが可能な範囲に留めることが賢明だ。外国人がマイノリティーに留まる限り、統合への可能性も開ける。

そのためにも国家が健全に機能するように努力したい。国家には異文化間の衝突を回避する人類の知恵の側面があるからだ。

おわりに

「はじめに」で述べたように、ドイツに駐在し、10年近く取材活動をしたが、移民系住民は日常の一部であり、外国人問題は常に重要な取材テーマだった。現代社会や国家を左右する根本問題との確信を得て、２０１３年に帰国した後も15年の難民危機などヨーロッパの状況を取材するとともに、日本の問題にも意を払ってきた。

川口、蕨市のクルド人問題に関心を持った最初のきっかけが何だったか、覚えていない。ただ、「国を持たない世界最大の民族」という言葉が多用され、判で押したような、迫害される弱者としてのクルド人像への違和感はあった。ドイツ時代、トルコ東部のクルド人多数派地域に出張した際に見た、表面的な観察ではあるものの、逞《たくま》しくトルコ人社会と共存している姿と結びつかなかったからだ。時々川口市に行っては、関係者の話を聞くなどしてきたが、そうこうするうちにクルド人による犯罪や迷惑行為が顕在化した。21年、23年には入管法の改正問題が大きな議論となった。

主な対象が生身の人間の外国人であるという入管行政の性格があり、また、不法残留者の摘発、収容、送還に至る過程は強制力、身柄の拘束を必然的に含む。従って、外国人問題は、人権擁護との兼ね合いにおいて、しばしば激しい対立を引き起こす。

入管庁白書に当たる「出入国在留管理」も、「退去強制（送還）は、我が国の安全・安心を脅かす外国人を、その意に反しても国外に退去させるという強力な行政作用」と記している。報道は、本来はこうした国民の安全と人権擁護との難しいバランスを十分意識した上で行わねばならないはずである。

しかし、実態を知るにつけ、メディアの多くが、この「我が国の安全・安心を脅かす」視点を顧慮せず、特定の運動体の主張に偏した報道をしている実態が強く感じられるようになってきた。不法残留者の主張のみを一方的に伝え、客観報道の最低限の基準さえも満たしていない報道もある。

一つの国民や民族を十把一絡げにして、「日本から追い出すべきだ」と叫ぶのは人道理念に反していることは言うまでもないが、法律に則って不法残留者を摘発し、送還を進めることまで排外主義と攻撃する言論は、イデオロギー的であるし、法秩序をないがしろにすることによる結果にあまりに無頓着である。メディアの大勢は反権力を金科玉条とした狭量なドグマ、それを業界内の常識とする惰性に囚われているのではないか。

私が取材した限り、入管庁は勤勉な職員に支えられたふつうの日本の役所であり、法に基づいて行政を執行する国の機関の一つに過ぎない。運用上の欠陥や不祥事、あるいは事なかれ主義はあるが、警察、自衛隊、刑事施設といった、同様に強制力を持ち閉鎖性が付きまとう行政機関と比べ、とりわけ「闇」が深い理由があるとは思えない。

ただ、私がこの問題に関して記事を発表するには躊躇もあった。入管庁職員にせよ、支援者や弁護士にせよ、外国人問題に何十年も携わってきた人も多い。若干ヨーロッパの事情には通じてはいるが、日本の問題に関しては首を突っ込んだだけのジャーナリストが発言することは、よほど慎重でなければならないと思ったからである。

しかし、取材を進めるにつれて、やはり現状は看過できないとの気持ちが強くなってきた。慎重な審査を経た結果、在留資格を失った外国人が、それを無視して残留を続ける状態が放置されれば、法秩序、治安に悪影響があることは明らかだ。川口、蕨市で起きていることは、その証明だろう。多少なりとも取材の蓄積もできたので、腹を決めて本書を執筆することにした。

この分野の著作物の9割方が、不法残留者に同情的、入管行政に批判的な中にあって、本書がそうした通念を相対化し、幅広い視点で考えるきっかけになれば幸いである。

外国人問題の幅は広く、本書で扱ったのはその一部に過ぎない。労働力としての外国人受け入れも大きな論点である。2019年から「特定技能」の在留資格が導入され、2024年6月には「技能実習」制度に代わる、外国人材育成と確保を目的とした「育成就労」制度創設が決まった。今後も制度の実態や課題について取材を続けたい。

これまでいくつかの著作で、ドイツ、ヨーロッパの外国人問題を報告してきた。拙著『戦後の「タブー」を清算するドイツ』（亜紀書房、2004年）、『本音化するヨーロッパ——裏切られた統合の理想』（幻冬舎、2018年）に、当地で起きていることを詳述しているので、興味のある読者は参照していただければ幸いである。

ジャーナリズムの基本は実名での報道だが、問題の性格上、公的な立場にいる人、実名を出して差し支えない人以外は匿名とした。新潮社の安河内龍太氏、竹中宏氏をはじめ、取材、出版で力を貸してくれたこれらの方々に、この場を借りてお礼を申し上げる。

2025年1月　三好範英

三好範英　ジャーナリスト。1959年東京都生まれ。東京大学教養学部卒。1982年読売新聞社入社。ベルリン特派員などを経て2022年退社。著書に『ドイツリスク』（2016年山本七平賞特別賞受賞）など。

Ⓢ新潮新書

1077

移民《いみん》リスク

著　者　三好範英《みよしのりひで》

2025年２月20日　発行

発行者　佐　藤　隆　信

発行所　株式会社 新潮社

〒162-8711　東京都新宿区矢来町71番地
編集部(03)3266-5430　読者係(03)3266-5111
https://www.shinchosha.co.jp

装幀　新潮社装幀室

図版製作　クラップス

印刷所　株式会社光邦

製本所　加藤製本株式会社

ISBN978-4-10-611077-1　C0236